DAS ALTE
ÄGYPTEN

Bibliografische Information Der Deutschen Bibliothek
Die Deutsche Bibliothek verzeichnet diese Publikation
in der Deutschen Nationalbibliografie;
detaillierte bibliografische Daten sind im Internet
über http://dnb.ddb.de abrufbar.

ISBN 3-7855-4669-6 – 1. Auflage 2003
© 2001 Éditions Gallimard-Jeunesse, Paris
Titel der Originalausgabe *Sur les traces des ... Dieux d'Égypte*
© für die deutschsprachige Ausgabe 2003 Loewe Verlag GmbH, Bindlach
Aus dem Französischen übersetzt von Sabine Schwenk
Umschlagillustration: Christian Heinrich
Umschlagfoto: Sarkophag der Dame Madja, bemaltes Holz, Louvre, Paris/RMN
Umschlaggestaltung: Andreas Henze
Printed in Italy

www.loewe-verlag.de

HELDEN · MYTHEN · ABENTEUER

DAS ALTE
ÄGYPTEN

Die Welt der Götter und Pharaonen
erzählt und illustriert von
Olivier Tiano und Christian Heinrich

Aus dem Französischen übersetzt von
Sabine Schwenk

Loewe

..DAS ALTE
ÄGYPTEN

Der Gott Re

Am Anfang, als es weder Himmel noch Erde gab, noch nicht einmal den Tod, herrschte **Nun**. Nun allein erfüllte das Weltall wie eine endlose Wasserfläche, die kein Windhauch bewegte, kein Lichtstrahl erhellte.

Im Herzen von Nun befand sich **Atum**. Er sprach: „Ich bin **Chepri**. Aus dem Nun lasse ich den ersten Hügel auftauchen, über dem ich den höchsten Stand erreiche. Ich bin **Re**."

So war Re der erste Gott, der Vater aller anderen Götter und ihr König.

Re spie ein erstes Mal, und aus seinem Speichel wurde Schu geboren. Dann spie er ein zweites Mal, und aus seinem Speichel wurde Tefnut geboren, die Schwester von Schu. Doch beide gingen fort von ihm, und sein Herz füllte sich mit Trauer.

Re weinte, und aus seinen Tränen wurden die Menschen geboren. Sie waren verschieden: Ägypter, Asiaten, Nubier, Libyer. Er sagte zu ihnen: „Ich werde Himmel und Erde für euch erschaffen, Pflanzen und Tiere, Vögel und Fische, damit ihr leben und euch vermehren könnt."

Nun: Urgewässer, aus dem alles Leben entstand.
Atum, Chepri, Re: Für die Ägypter war die Sonne in drei Göttern verkörpert: Chepri, die aufgehende Sonne, Re, die Sonne auf ihrem höchsten Punkt, und Atum, die untergehende Sonne.

Dann befahl Re seinem rechten Auge: „Geh, und such meine Kinder!"

Das Auge durchstreifte das Weltall und brachte Schu und Tefnut zurück. Re sprach zu seinen Kindern: „Schafft Himmel und Erde!"

Und Schu und Tefnut brachten **Geb** und **Nut** hervor. Geb breitete sich im Universum aus und verdrängte Nun, doch Re sorgte dafür, dass Nun als Nil aus der Erde hervorsprudelte und von da an Jahr für Jahr das ägyptische Land überschwemmte.

Geb: Gott der Erde.
Nut: Göttin des Himmels.
Schu: die Luft, die Himmel und Erde trennt.

Darauf sagte Re zu seinem Sohn Schu: „Geh, und trenne Himmel und Erde!"

Und **Schu** stellte sich zwischen Geb und Nut und schuf die vier Säulenpaare, die den Himmel tragen und ihn von der Erde trennen.

Geb und seine Gemahlin Nut hatten fünf Kinder: Osiris, Haroeris, Seth, Isis und Nephthys. Geb gab Osiris die Länder im Niltal und Seth das Wüstenland, das sie umgibt. Haroeris erhielt den leuchtenden, alles überspannenden Raum. Isis heiratete ihren Bruder Osiris und Nephthys ihren Bruder Seth.

So wurden die Götter und die Menschen erschaffen und das Land, das sie bewohnen, und die Tiere, welche die Meere, die Lüfte und die Erde bevölkern. So haben die Diener des Gottes Re-Atum in seinem Palast in Heliopolis es uns berichtet.

Re herrschte als König über die Menschen und die Götter. Eines Tages begannen die Menschen einen Aufstand gegen ihn

zu planen, denn sie wussten, dass er älter wurde. Doch Re erfuhr in seinem Palast in Heliopolis von der Verschwörung und befahl seinen Dienern: „Ruft Schu und Tefnut, Geb und Nut herbei, und auch meinen Vater Nun und sein ganzes Gefolge. Sie mögen in meinen Palast kommen, um mir mit ihrem Rat beizustehen."

Als alle Götter zugegen waren, sprach er zu ihnen: „Oh Götter der ersten Zeit, oh Götter des Ursprungs, seht, wie die Menschen, die doch Tränen aus meinem **Auge** sind, sich gegen mich verschwören. Sagt mir, was ihr an meiner Stelle tätet. Mein Zorn ist groß, doch ich will sie nicht töten, ehe ich gehört habe, was ihr mir in dieser Sache ratet."

Auge: Ihm sprachen die Ägypter magische Kräfte zu.

„So höre, mein Sohn Re", antwortete ihm Nun. „Dein Thron steht auf festem Fundament, und du bist überall gefürchtet. Schicke also dein Auge zu den Menschen, die sich gegen dich verschworen haben."

Und Re erwiderte: „Ich sehe, dass die Menschen von unserer Zusammenkunft erfahren haben. Sie sind schon auf der Flucht in die Wüste, denn sie fürchten sich vor meiner Rache."

„Dann soll die schreckliche Löwengöttin Sachmet ihnen nachjagen", rieten ihm die Götter. „Sie soll sie fangen und für dich töten, denn sie führen Schlimmes im Schilde. Niemand versteht es so gut wie die Löwengöttin, Entsetzen zu verbreiten. Befiehl Sachmet, zu den Menschen hinabzusteigen, sie zu verfolgen und umzubringen."

So stieg die Göttin zur Erde hinab und begab sich in die Wüste, wohin die Menschen geflohen waren, um sich Res Zorn zu entziehen. Doch seine Wut war so groß, dass niemand ihr entrinnen konnte.

Als Sachmet viele Menschen getötet hatte, schickte Re einen Boten in die Wüste, der ihr in seinem Namen befahl: „Nun kehre in Frieden zu mir zurück, denn du hast die Menschen genug gestraft."

Doch die Göttin antwortete: „So wahr du Re bist, der allmächtige Gott, ich habe die Menschen in Schrecken versetzt und Geschmack an ihrem Blut gefunden. Ich kehre nicht wieder zurück."

„Es reicht", erwiderte Re durch seinen Boten. „Du hast genug Menschen getötet, und diejenigen, die noch leben, sind nicht alle schuldig."

Aber Sachmet verweigerte ihrem Herrscher den Gehorsam

und verschwand in der Wüste, fest entschlossen, ihr blutiges Werk bei Tagesanbruch fortzusetzen.

Re ließ einige Boten zur Insel **Elephantine** schicken, von wo sie blutrote Flüssigkeit, die Didi genannt wurde, herbeischaffen sollten. Währenddessen ließ er Unmengen von Bier brauen. Als dies vollbracht war, mischte man dem Bier etwas „Didi" bei, um es rot zu färben. Diese Mischung füllte man in mehr als siebentausend Tonkrüge, die in der Nähe des Ortes ausgeschüttet wurden, an dem die Löwengöttin schlief.

Als Sachmet im Morgengrauen erwachte, erstreckte sich vor ihr ein roter See, den sie für Blut hielt. Sie kostete davon, und das Getränk schmeckte ihr so gut, dass sie trank, bis sie betrunken und so zufrieden war, dass sie nicht mehr an die Menschen dachte.

Also befahl Re, man solle von nun an jedes Jahr zum **Hathor**-Fest große Mengen dieses berauschenden und besänftigenden Getränkes brauen, damit die Göttin nie wieder Geschmack am Blut der Menschen fände.

Elephantine: Nilinsel im äußersten Süden Ägyptens (heute Assuan); man nahm an, dass dort der Nil und das jährliche Hochwasser ihren Ursprung hatten.
Hathor: Göttin der Freude, des Tanzes und der Musik. Sachmet verkörpert ihre bedrohliche Seite.

DIE GÖTTER ÄGYPTENS sind zahllos. Jede Stadt hat einen Tempel mit eigenen Gottheiten, deren Bedeutung sich von Epoche zu Epoche ändern kann. Einige Götter, wie Osiris, der Gott der Toten, seine Frau Isis und ihr Sohn Horus, werden durch die Jahrhunderte hindurch im ganzen Land verehrt.

Nut, Schu und Geb

Isis

Amun

Selqet

Schu
Der Gott der Luft wird auf der Abbildung oben in seinem Boot gezeigt. Über ihm sieht man **Nut**, die Göttin des Himmels, unter ihm liegt **Geb**, der Gott der Erde.

Amun
Der bedeutendste Gott von Theben, der zum Schutzgott von ganz Ägypten wird. Man errichtet riesige Tempel für ihn und bringt ihm wertvolle Opfergaben dar. Dafür schenkt er dem Land Reichtum und militärische Siege.

Isis
Die Schwester und Frau Osiris' ist das Sinnbild der perfekten Mutter und Ehefrau. Die Ägypter beten sie an, weil sie magische Kräfte besitzt.

Selqet
Skorpion-Göttin, die immer mit einem Skorpion auf dem Kopf dargestellt wird. Sie beschützt die Eingeweide verstorbener Menschen, insbesondere den Darm.

Osiris
Der Gott der Toten und Herrscher des Jenseitsgerichts wird immer als Mumie dargestellt, deren Hände die beiden königlichen Zepter halten.

„So war Re der erste Gott, der Vater aller Götter."

Atum

Osiris

Thot

Thot
Stellvertreter des Sonnengottes Re auf Erden, wenn Re sich in die Welt der Nacht zurückzieht. Er hütet den Mond, dessen Sichel er auf dem Kopf trägt.

Tag und Nacht
Als Erklärung für den Wechsel von Tag und Nacht stellen sich die Ägypter vor, dass die Himmelsgöttin **Nut** abends die Sonne verschlingt und ihr am nächsten Morgen wieder neues Leben schenkt. Auf diesem Bild bringt eine Frau dem Gott **Atum**, der untergehenden Sonne, Opfergaben dar.

Die Suche der Isis

Nut, so heißt es, hatte zusammen mit ihrem Bruder und Mann Geb mehrere Kinder.

Als Erster wurde Osiris geboren. Haroeris, auch Horus der Alte genannt, war ihr zweiter Sohn. Nach Haroeris erblickte Seth das Licht der Welt. Ihr viertes Kind, eine Tochter, nannten Geb und Nut Isis. Schließlich, als Letztes, wurde Nephthys geboren.

Osiris heiratete seine Schwester Isis und wurde der erste König von Ägypten. Er befreite die Ägypter von ihrem kargen Leben als Jäger und Nomaden, indem er sie lehrte, sich das jährliche Hochwasser des Nils zu Nutze zu machen. Er unterwies sie in Ackerbau und Viehzucht. Er schenkte ihnen die Weinrebe und weihte sie in die Kunst der Weinherstellung ein. Schließlich gab er ihnen weise Gesetze und lehrte sie, die Götter zu achten und zu ehren.

Als er den Menschen im Niltal alles beigebracht hatte, begann er, die ganze Welt zu durchstreifen und auch die anderen Völker zu unterrichten. Dies tat er ohne jede Gewalt, nur mit Liebe und Überzeugungskraft.

Doch im Laufe der Zeit wurde Seth neidisch auf seinen Bruder, der überall sehr beliebt war. Daher versammelte er in Osiris' Abwesenheit eine Gruppe von zweiundsiebzig Verschwörern und schmiedete ein **Komplott**, um Osiris aus dem Weg zu schaffen und die Macht über das Reich an sich zu reißen.

Komplott: eine Verschwörung.

Heimlich hatte er bei seinem Bruder Maß genommen und eine Kiste in seiner Größe anfertigen lassen. Es war eine prächtige Truhe aus Zedernholz mit Verzierungen aus Elfenbein und Ebenholz.

Als Osiris heimkehrte, lud Seth ihn zu einem Festmahl ein, an dem auch die anderen Verschwörer teilnahmen. Als alle gut gegessen und getrunken hatten, ließ er die Truhe aus Zedernholz bringen. Alle Gäste bewunderten die Schnitzereien und ihre vollendete Schönheit. Da versprach Seth im Scherz, dass er die Truhe demjenigen schenken würde, der genau in sie hineinpassen würde.

Nacheinander legten sich die Gäste hinein, doch die Truhe war stets zu groß. Als schließlich Osiris an der Reihe war, stieg auch er hinein und streckte sich der Länge nach darin aus. Er passte genau hinein.

Im gleichen Moment sprangen Seth und seine Verbündeten herbei, schlossen den Deckel der Kiste, nagelten ihn fest und versiegelten ihn mit flüssigem Blei. Dann trugen sie die Truhe eilig zum Fluss und warfen sie hinein, damit sie ins Meer gespült werde und darin versinke. Niemand sollte Osiris' Leichnam jemals wiederfinden.

Als Isis erfuhr, dass Seth ihren Gemahl getötet hatte, und dass sein Leichnam verschwunden war, lief sie zu ihrer Schwester Nephthys. Beide hüllten sich in Trauerkleidung, rauften sich die Haare, um ihren Schmerz zu zeigen, und stimmten ein Klagelied an:

„Geliebter Osiris, kehre heim in dein Haus,
lang schon haben wir dich nicht mehr gesehen.
Geliebter Osiris, so plötzlich gegangen,
du starker Jüngling, hast zu früh uns verlassen.
Ältester unserer Brüder,
komm zurück zu uns, so wie du warst,
und bleibe für immer in unserer Mitte."

Dann beschloss Isis, sich auf die Suche nach dem Leichnam ihres Mannes Osiris zu begeben. In Begleitung des Gottes **Anubis**, der ihr bei der Suche half, begann sie, das Niltal flussabwärts zu durchstreifen. Jeden, dem sie begegnete, fragte sie: „Hast du eine Truhe gesehen, die in der Strömung des Flusses trieb, oder hast du gehört, dass jemand sie gesehen hat?"

Eines Tages traten einige Kinder, die im sumpfigen **Nildelta** Viehherden hüteten, zu ihr und sagten: „Wir wissen, dass im östlichen Nilarm eine prachtvolle Truhe gesehen wurde. Sie treibt jetzt aufs Meer zu."

Doch Isis erreichte die Flussmündung, ohne die Truhe gefunden zu haben. Am Hafen erzählte man ihr, dass die Meeresströmung Treibgut oft bis an die Küsten **Phönikiens** spülte.

Anubis: mit schwarzem Hundekopf dargestellter Gott, der für die Mumifizierung zuständig ist.
Delta: fächerförmige Flussmündung.
Phönikien: Küstenstreifen, im heutigen Libanon gelegen.

Byblos:
Stadt in
Phönikien.

Tamariske:
Baum, dessen
Holz zur Her-
stellung von
Möbeln und
Statuen dient.

Und so war es tatsächlich geschehen: Langsam war die Truhe auf dem Meer bis nach **Byblos** getrieben worden, wo die Wellen sie am Strand unter einer **Tamariske** angeschwemmt hatten. Nach und nach hatten deren Wurzeln die Truhe überwuchert, bis sie schließlich im Inneren des prächtigen Baumes eingeschlossen war. Der König von Byblos war so begeistert von der herrrlichen Tamariske, dass er seinen Dienern befahl, den Baum zu fällen und aus dem Stamm eine Säule seines Palastes zu machen.

Als Isis von dieser Geschichte hörte, begab sie sich sogleich nach Byblos. Weinend setzte sie sich an einen Brunnen, wo sie stumm wartete, bis schließlich die Dienerinnen der Königin vorbeikamen. Dann sprach sie die Frauen mit freundlichen Worten an. Sie bot an, ihnen das Haar zu kunstvollen Frisuren zu flechten und ihre Haut mit herrlich duftenden Salben einzureiben.

Als die Dienerinnen in den Palast zurückkehrten, bemerkte die Königin ihre neuen Frisuren und den wunderbaren Duft, den ihre Körper verströmten.

Sogleich überkam sie der Wunsch, die Fremde, die das vollbracht hatte, kennen zu lernen. Sie ließ sie zu sich rufen und nahm sie herzlich im Palast auf. Bald wurde Isis zu ihrer engsten Freundin.

Da die Königin kurz zuvor ein Kind bekommen hatte, ernannte sie Isis zur königlichen Amme und vertraute ihr die Pflege ihres Sohnes an. Um den Jungen zu beruhigen, ließ Isis ihn an ihrem Finger saugen. Nachts, wenn alles schlief,

läuterte sie das Kind mit einer Flamme, um die Dä-

monen aus seinem Körper zu vertreiben, die den Menschen Schaden zufügen.

Manchmal verwandelte sie sich auch in eine Schwalbe und flog klagend um die Säule herum, die das Dach des Palastes trug.

So verging Tag um Tag, bis die Königin Isis eines Nachts dabei überraschte, wie sie das Kind läuterte. Mit einem entsetzten Aufschrei fuhr sie dazwischen, denn sie hatte Angst um ihren kleinen Sohn.

Um sie zu besänftigen, zeigte sich Isis in ihrer göttlichen Pracht und offenbarte ihr ihren Namen. In tiefer Ehrfurcht warf sich die Königin der Göttin zu Füßen und flehte um Verzeihung.

Da bat Isis sie um die Säule, die das Dach des Palastes trug. Sie fällte selbst den Stamm der Tamariske und ersetzte ihn mit ihrer Zauberkraft durch einen großen Zedernstamm. Dann schnitt sie die Tamariske auf, zog die Truhe hervor und warf sich weinend darüber. Sie ließ den Sarg in feines Leinentuch hüllen und auf ein Schiff tragen, um ihn zurück nach Ägypten zu bringen.

Den Stamm der prächtigen Tamariske rieb sie sorgfältig mit Duftstoffen ein und schenkte ihn zum Dank dem König und der Königin von Byblos, die versprachen, ihn fortan in höchsten Ehren zu halten.

Wieder in Ägypten, versteckte Isis die Truhe an einem einsamen Ort im Nildelta, auf einem mit hohem Schilf bewachsenen Erdhügel, der von Wasser umgeben war. Dort öffnete sie den Sarg, und als sie den Leichnam ihres Gatten erblickte, schmiegte sie ihr Gesicht an sein Gesicht, küsste ihn und weinte.

Als sie ihre Totenklage beendet hatte, verwandelte sie sich in eine Schwalbe und setzte sich auf den leblosen Körper ihres Ehemannes. Ihr Flügelschlag erzeugte einen Lebenshauch, der durch Osiris hindurchging und aus dem sie einen Sohn empfing. Ganz allein schenkte sie dem Kind auf der kleinen, abgeschiedenen Insel mitten im Sumpf das Leben und gab ihm den Namen **Horus**.

Horus: einer der höchsten ägyptischen Götter.

Als ihr Sohn groß genug war und nicht mehr gestillt

wurde, begab sich Isis in die Stadt Buto, um ihn der Göttin **Wadjet** anzuvertrauen. Sie wollte ihn vor Seth in Sicherheit bringen, der ihn, wenn er von ihm wüsste, gewiss töten würde. So verbrachte sie viele einsame Jahre an der Seite von Osiris' Leichnam. Sie ließ ihn nur dann allein, wenn sie ihren Sohn besuchte, der fern von ihr aufwuchs.

Eines Tages jedoch, als Isis abwesend war, kam Seth, der Osiris' Platz auf dem Thron eingenommen hatte, in die Sümpfe des Nildeltas. Dort stieß er durch Zufall auf die Zedernholztruhe. Sofort erkannte er, dass es sich bei dem Leichnam um seinen Bruder Osiris handelte.

Außer sich vor Zorn, teilte er den Körper des Toten in vierzehn Stücke, die er hoch in den Himmel warf, damit sie sich über das ganze Land verbreiteten und sie nie wieder jemand zusammenfügen könne.

Als Isis in ihr Versteck zurückkehrte, fand sie den leeren Sarg ihres Gemahls. Der kostbare Stoff, der den Leichnam Osiris' umhüllt hatte, lag zerfetzt auf dem Boden.

Und wieder begab Isis sich auf die Suche, doch dieses Mal galt es, die im ganzen Niltal verstreuten Stücke des Leichnams wiederzufinden. Jedes Mal, wenn Isis ein Stück gefunden hatte, nahm sie es an sich und vergub es in der Erde. Darüber errichtete sie einen Erdhügel als Grabmal, auf dessen Kuppe sie vier Bäume pflanzte. Deren Blüte sollte ein Zeichen für die Auferstehung des Osiris sein.

So gelang es ihr, nach und nach alle Stücke des Leichnams zusammenzutragen. Schließlich fügte sie den Körper des Osiris mit Anubis' Hilfe wieder zusammen. Sorgfältig rieb sie ihn mit kostbaren Duftstoffen ein und umwickelte ihn mit Stoffstreifen, damit er wieder so aussähe wie früher und bis in alle Ewigkeit fortleben könne.

MITTELMEER

Alexandria

Pi-Ramses

Heliopolis

Kairo

Giseh

Memphis

ÄGYPTEN

ROTES MEER

Abydos

Theben

Luxor

Edfu

Elephantine

Assuan

Abu Simbel

DER NIL bewässert Ägypten von Assuan bis ins Delta hinein. Jenseits dieses schmalen Streifens fruchtbaren Landes, in dem Ackerbau möglich ist, beginnt die Wüste.

Der heilige Ibis

Heute ist der Ibis aus dem Nildelta verschwunden. Für die Ägypter ist er eines der beiden heiligen Tiere des Gottes Thot. Er wird vor allem in Hermopolis angebetet. Die Priester dort glauben, Thot habe in Gestalt eines Ibis die Welt erschaffen, indem er ein Ei legte, aus dem die Sonne hervorkam.

Ibis

Der ägyptische Falke

Er lebt heute vor allem im Süden des Landes. Seltsamerweise ist er mit keiner Gottheit verknüpft, dient aber in der Hieroglyphenschrift als Zeichen.

„Er befreite die Ägypter von ihrem kargen Leben, indem er sie lehrte, sich das jährliche Hochwasser des Nils zu Nutze zu machen."

Das Niltal heute

Das Krokodil
Seit dem Bau des Staudamms sind die Krokodile von den Nilufern im Norden Assuans verschwunden.

Der Gott Sobek
Der Wasser- und Fruchtbarkeitsgott Sobek wird als Krokodil mit einer Sonnenscheibe auf dem Kopf dargestellt und angebetet.

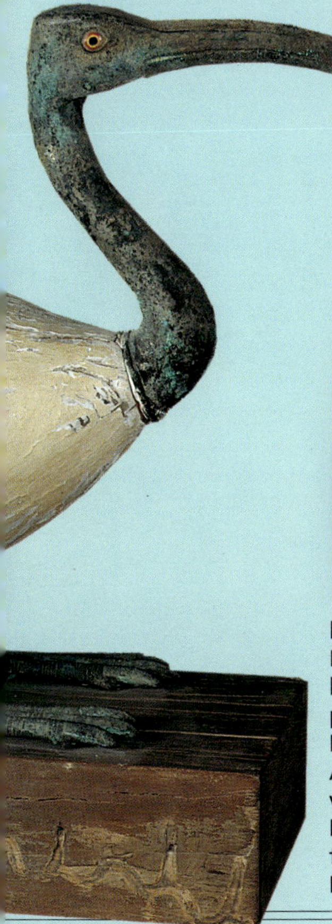

Krokodil

Sobek

Nilpferd

Das Nilpferd
In Ägypten leben heute keine Nilpferde mehr. Für die Bewohner des alten Ägypten, die sie von ihren leichten Barken aus angreifen, sind die Tiere Furcht einflößend.

Das Nilpferd und die Götter
Die Göttin Thoëris, die über Schwangerschaft und Geburt wacht, hat die Gestalt eines Nilpferdweibchens. Da das Nilpferd auch sehr gefährlich werden kann, ist es zugleich gefürchtet: Es steht dann für das Chaos und den Gott Seth.

Seth gegen Horus

In seinem Palast in Heliopolis hatte Re, der Herrscher über das Weltall, sein hohes Gericht versammelt, um in dem Streit zwischen Horus und Seth, den Großen unter den Göttern, ein Urteil zu fällen. Beide erhoben Anspruch auf das Erbe des Osiris, des mächtigen Gottes und Königs, den Seth ermordet hatte.

Horus, der Sohn des Osiris und der Göttin Isis, war ein schöner Jüngling, den alle Götter liebten.

Seth war der Bruder von Osiris, der Onkel von Horus, Gott der Wüste und ein starker Krieger.

An Res Seite saß sein **Wesir** Thot, der Meister der Bücher und der Schrift.

Seth ergriff als Erster das Wort: „Das Erbe des Osiris steht mir zu. Schickt Horus mit mir hinaus, und ich werde beweisen, dass ich der Stärkere bin!"

Doch Thot antwortete ihm: „Wir suchen nicht den Stärkeren, sondern den rechtmäßigen Herrscher. Sollen wir dir das Erbe des Osiris zusprechen, obwohl sein Sohn Horus leibhaftig vor uns steht?"

Wesir: hoher Würdenträger, Stellvertreter des Pharaos.

Seth, der Gott des Zorns und des Gewitters, richtete sich auf und sprach: „Ich bin Seth, der mächtigste aller Götter. Deshalb steht mir das Erbe des Osiris zu."

Unter den versammelten Göttern erhob sich ein lautes Stimmengewirr.

Einige von ihnen schrien: „Seth hat Recht, so wahr er der Sohn der Göttin Nut ist! Er soll den Thron bekommen! Was soll ein Kind auf dem Thron, wo doch sein Onkel stärker und erfahrener ist!"

Andere riefen: „Soll etwa der Onkel das Amt bekleiden, obwohl der Sohn, der doch der **legitime** Erbe seines Vaters ist, vor uns steht?"

legitim: rechtmäßig.

Als schließlich Horus selbst das Wort erteilt wurde, sprach er: „Gewiss bin ich jung und verfüge nicht über den Zorn und die Stärke meines Onkels Seth. Aber es wäre nicht gerecht, mir das Erbe meines Vaters Osiris zu nehmen!"

Nun ergriff auch Isis, Horus' Mutter, Partei für ihren Sohn und forderte die Götter mit großer Überzeugungskraft auf, Horus zu unterstützen.

Seth begriff, dass die listigen Worte der Göttin eine große Gefahr für ihn darstellten. Darum wandte er sich an Re, den Herrscher über das Weltall und Vorsitzenden des göttlichen Gerichts, und sprach zu ihm: „Ich weigere mich, über diese Angelegenheit zu sprechen, solange Isis, die große Zauberin, zugegen ist. Lasst sie aus diesem Gerichtshof entfernen!"

Re antwortete ihm: „Meinetwegen! Begebt euch also alle auf die Insel der Mitte! Sagt Nemty, dem Fährmann, er möge Isis und jeder Frau, die ihr ähnelt, die Überfahrt verweigern! Dann wollen wir ungestört unser Urteil über diese beiden Männer sprechen."

So begab sich der gesamte Gerichtshof auf die Insel der Mitte, die für niemanden erreichbar war.

Weil Isis um keinen Preis darauf verzichten wollte, ihren Sohn zu verteidigen, ersann sie eine neue List: Sie verwandelte sich in eine **Greisin**. In den Händen hielt sie einen Beutel mit Brot und einen kleinen Goldring.

Greisin: alte Frau.
übersetzen: ans andere Ufer bringen.

So trat sie zu Nemty, dem Fährmann, und sprach: „Fünf ganze Tage weilt mein Sohn nun schon auf der Insel der Mitte, um seine Herden zu hüten, und hat längst kein Brot mehr, weil niemand dort anlegen darf. Er wird verhungern, wenn ich ihm nichts zu essen bringe."

Nemty erwiderte: „Ich kann leider nichts für dich tun, man hat mir befohlen, keine Frau auf die Insel der Mitte **überzusetzen**."

Da sagte Isis zu ihm: „Man hat dir befohlen, die Göttin Isis nicht überzusetzen. Ich aber bin nur eine alte Frau, die Angst um das Leben ihres Sohnes hat, eines armen jungen Burschen, der auf der Insel unser Vieh hütet."

„Was gibst du mir, alte Frau, wenn ich dich übersetze?", fragte Nemty.

„Ich gebe dir einen frischen Laib Brot, sieh."

„Was ist schon ein Laib Brot? Man hat mir streng befohlen, keine Frau überzusetzen", antwortete Nemty.

„Dann gebe ich dir meinen Goldring", bot Isis an. „Was bedeutet das Gold schon, verglichen mit dem Leben meines einzigen Sohnes?"

Und Nemty nahm den Goldring, ließ Isis in seine Barke steigen und brachte sie zur Insel.

Während Isis im Schutz der Bäume voranschritt, erblickte sie auf einer Lichtung die um Re versammelten Götter, die aufmerksam den von Horus und Seth vorgetragenen **Argumenten** lauschten. Als Seth eine Bewegung bemerkte und sein Blick in ihre Richtung wanderte, sprach sie eine Zauberformel und verwandelte sich schnell in ein junges Mädchen von unvergleichlicher Schönheit. Seth erblickte sie, und sein Herz füllte sich mit Begierde. Während die Richter Horus anhörten, entfernte er sich unauffällig von der Versammlung, trat zu ihr hinter eine **Sykomore** und sprach sie an.

Argument:
Begründung, Grund.
Sykomore:
Baum, der zur Herstellung von Möbeln und Statuen dient.

„Sei gegrüßt, schönes Mädchen. Ich würde gerne ein paar angenehme Stunden mit dir verbringen."

Die junge Frau antwortete sogleich: „Oh Herr, wie könnte mir nach Zerstreuung zu Mute sein? Ich habe keinen Grund, mich zu vergnügen. Höre meine Geschichte:

Ich war die Frau eines Hirten, der mir einen Sohn schenkte. Als mein Mann starb, trat mein Sohn sein Erbe an und kümmerte sich um das Vieh. Da tauchte ein Fremder auf und drohte meinem Sohn, ihm die Herde zu nehmen und uns aus unserem Haus zu jagen. Ich flehe dich an, oh Herr, verteidige du uns!"

Seth, durch seine Begierde verblendet, antwortete ihr: „Du hast das Recht auf deiner Seite. Wie kann ein Fremder das Hab und Gut eines Toten in Besitz nehmen, wenn dessen Sohn lebt?"

Da verwandelte sich Isis in einen **Milan** und flog in den Wipfel der Sykomore.

Milan: großer Greifvogel.

„Du solltest dich schämen", sprach sie zu Seth. „Dein eigener Mund spricht gegen dich. Du hast über dich selbst das Urteil gesprochen."

Seth begriff, dass er in eine Falle gegangen war, kehrte zum Gericht zurück und erzählte Re, was sich ereignet hatte.

Da sprach Re zu ihm: „Nun, es ist wahr: Du hast dich selbst verurteilt. Was willst du noch?"

Und zu den Richtern gewandt fügte er hinzu: „Habt ihr nicht gehört? Was beratet ihr noch? Bringt den Richterspruch zu Papier, und setzt Horus die Krone seines Vaters Osiris aufs Haupt!"

Res Entscheidung versetzte Seth in ohnmächtigen Zorn, und er brüllte: „Gebt Horus die Krone nicht, sondern lasst uns gegeneinander kämpfen! Möge der Stärkere sich durchsetzen!"

Und Re, der im Grunde seines Herzens auf der Seite Seths war, willigte ein.

Sogleich baute sich Seth vor Horus auf und forderte ihn heraus: „Komm her, damit wir unsere Kräfte messen! Wir verwandeln uns in zwei Nilpferde und tauchen in die Fluten ein. Wer vor Ablauf von drei Monaten wieder auftaucht, verliert den Anspruch auf den Thron."

Kontrahenten:
Gegner.
Harpune:
pfeilförmige Waffe
zum Jagen
von Fischen.

Als sich die beiden **Kontrahenten** in Nilpferde verwandelt hatten und ins Wasser eingetaucht waren, begann Isis um das Leben ihres Sohnes zu fürchten. Sie holte ein Seil und band es an eine kupferne **Harpune**, die sie dort, wo die Gegner untergetaucht waren, ins Wasser warf. Doch die Harpune traf nicht Seth, sondern bohrte sich in Horus' Körper.

„Zu Hilfe!", brüllte er. „Isis, meine Mutter! Zu Hilfe! Befiehl deiner Harpune, von mir abzulassen. Ich bin Horus, dein Sohn."

Erschrocken schrie Isis auf und befahl der Harpune, sich aus dem Körper ihres Sohnes zu lösen. Dann warf sie die Waffe erneut aus, und dieses Mal traf sie Seth, der einen lauten Schrei ausstieß und Isis anflehte: „Was habe ich dir getan, Isis, meine Schwester? Ich bin dein Bruder, wir haben dieselbe Mutter.

Befiehl deiner Waffe, mich zu verschonen."

Von plötzlichem Mitleid erfasst, wies Isis ihre Harpune an, sich auch aus Seths Körper wieder zu lösen. Da wandte sich Thot an Re: „Mach der Gewalt ein Ende! Lasst uns Osiris, der nun über das Reich der Toten herrscht, einen Brief schicken, damit er selbst entscheidet und seinen Nachfolger bestimmt."

Westen:
Der „schöne Westen"
ist das Reich der Toten,
über das Osiris seit
seiner Ermordung
durch Seth herrscht.

Der Brief wurde geschrieben und zu Osiris in den **Westen** gesandt. Osiris antwortete eilends: „Warum wird meinem Sohn Horus Böses zugefügt? Ich habe euch doch ernährt, als ich noch über die Erde herrschte! Ich habe doch Weizen und Gerste erfunden und die Menschen in der Viehzucht und im Ackerbau unterrichtet, damit sie Tag für Tag neue Opfergaben in eure Paläste bringen können! Ich habe den Menschen beigebracht, aus Flachsfasern Leinen zu weben, damit ihr euch in feine Kleider hüllen könnt! Und ich habe ihnen gezeigt, wo sie den Weihrauch finden, dessen Duft in den Tempeln eure Nasen erfreut.

Warum lasst ihr keine Gerechtigkeit auf Erden walten? Das Land, über das ich nun herrsche, ist voll von wilden Geistern, die nichts und niemanden fürchten. Ich könnte sie aussenden und ihnen befehlen, mir die Herzen all jener zu bringen, die Böses tun!

Vergesst nicht, dass alle, Götter wie Menschen, eines Tages

in mein Reich kommen, um hier ihre letzte Ruhe zu finden! Vergesst nicht, dass es ohne Gerechtigkeit keine Ordnung gibt! Überlasst also meinem Sohn Horus den Thron seines Vaters, damit Maat, die Göttin der Wahrheit und Gerechtigkeit, zufrieden ist!"

Diesen Brief las Re den Vertretern des göttlichen Gerichts vor, und man rief die beiden Gegner herbei.

„Warum willst du nicht, dass ein Gericht über euch beide befindet? Warum versuchst du, was Horus gehört, an dich zu reißen?", sprach Re zu Seth.

„Du irrst, oh Herr, du allmächtiger Herrscher über das Weltall", erwiderte Seth. „Man möge Horus herbeirufen, den Sohn der Isis und des Osiris, und ihm den Thron seines Vaters geben!"

So ließ man Horus kommen, setzte ihm die Krone aufs Haupt und führte ihn mit folgenden Worten zum Thron seines Vaters: „Du bist der rechtmäßige König der von den Göttern geliebten Erde, du bist der Herr über alle Länder bis ans Ende der Zeit!"

Dann sprach Re: „Was den mächtigen und starken Seth betrifft, den Sohn der Nut, so soll er mir anvertraut werden. Er wird bei mir bleiben und mir zur Seite stehen wie ein Sohn. Er wird sein wie der Donner, und sein Brüllen wird meine Feinde erzittern lassen."

Er wandte sich an die versammelten Götter und fügte hinzu: „Freut euch über den mächtigen Herrscher Horus. Jubelt ihm zu! Verneigt euch vor Horus, dem Sohn der Isis."

DER ÄGYPTISCHE TEMPEL ist der Wohnsitz des Gottes, sein Palast. Er ist ein durch Mauern und Tore geschützter Ort. Durch einen Hof gelangt man in immer heiligere Bereiche und schließlich zum „Naos", wo sich der Gott (in Gestalt seiner Statue) aufhält. Nur die Priester, die „Diener des Gottes", deren bedeutendster der Pharao ist, dürfen hinein.

Der Tempel von Edfu
Zwischen Luxor und Assuan gelegen, ist dieser Palast des Gottes Horus der am besten erhaltene Tempel Ägyptens.

„FREUT EUCH ÜBER DEN MÄCHTIGEN HERRSCHER HORUS. JUBELT IHM ZU!"

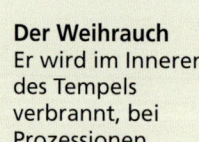

Räuchergefäß

Die Opfergaben
Der Gott, der in seiner Statue lebt, wird dreimal täglich mit Opfergaben (Getränke und Nahrungsmittel) versorgt.

Natürlich verzehrt er nur die Essenz, das „Wesen" dieser Lebensmittel, die später zwischen den Tempeldienern aufgeteilt werden.

Der Weihrauch
Er wird im Inneren des Tempels verbrannt, bei Prozessionen auch außerhalb.

Trägerinnen von Opfergaben

*Der Gott Nil bringt
eine Opfergabe dar.*

Hapi und Maat

Der Gott Hapi, mit
seiner Hängebrust
Symbol der Frucht-
barkeit, ist mit dem
Nilhochwasser ver-
bunden. Die Göttin
Maat, die auf dem
Kopf eine zum
Schreiben dienende
Straußenfeder trägt,
verkörpert Wahrheit
und Gerech-
tigkeit und
sichert die
politische
Ordnung,
die jeder
einhalten
muss.

Maat

König Cheops
und die Zauberer

Seine Majestät König **Cheops**, Herrscher in Ober- und Unterägypten, langweilte sich. In seinem Palast schlenderte er von Raum zu Raum, doch er fand keine Zerstreuung. Darum ließ er seine Söhne zu sich kommen und bat sie, ihm eine Geschichte zu erzählen, um ihn zu unterhalten.

Sein ältester Sohn Chephren erhob sich, verneigte sich vor dem König und sprach: „Ich möchte Seiner Majestät eine wunderbare Geschichte erzählen, die sich zur Zeit König Nebkas ereignet hat:

Jedes Mal, wenn König Nebka sich zum Tempel des Gottes Ptah in **Anch-Taui** begab, bat er seinen obersten Vorlesepriester Ubaoner, ihn zu begleiten.

Eines Tages nutzte jedoch die Frau Ubaoners die Abwesenheit ihres Gatten, um einen Mann aus der Nachbarschaft zu verführen. Sie ließ von ihrem Diener den **Gartenpavillon** herrichten, um den Mann dort empfangen und sich mit ihm vergnügen zu können. Als er kam, erwartete sie ihn schon im **Pavillon**, wo sie gemeinsam den Tag verbrach-

Cheops: regierte ca. 2589-2566 v. Chr.. Erbauer der großen Pyramide von Giseh.
Anch-Taui: Name der Stadt Memphis, damalige Hauptstadt des Landes.
Pavillon: kleiner, meist offener Bau im Garten.

ten. Später, als es Abend wurde, ging der Mann zum nahe gelegenen Teich, um darin zu baden.

Die untreue Frau machte es sich zur Gewohnheit, den Nachbarn jedes Mal zu treffen, wenn ihr Gatte fortging, um im Ptahtempel seine Pflicht zu tun. Schließlich beschloss der Diener, seinen Herrn, dem er stets die Treue gehalten hatte, zu warnen.

Als Ubaoner den Bericht seines Dieners vernommen hatte, fertigte er aus Wachs ein **sieben Handbreit** langes Krokodil an und verzauberte das Wachskrokodil mit den folgenden Worten: ‚Fange jeden, der in meinem Teich badet, vor allem aber den Mann, mit dem mich meine untreue Frau betrügt.'

Dann gab er das Krokodil seinem Diener und befahl ihm, es in den Teich zu werfen, sobald der Mann hineingestiegen wäre.

Als Ubaoner sich tags darauf im Ptahtempel aufhielt, ließ die Frau erneut den Nachbarn kommen, und wieder verbrachten die beiden den ganzen Tag miteinander. Bei Einbruch der Dunkelheit ging der Mann zum Teich, um darin zu baden. Wie ihm sein Herr befohlen hatte, warf der Diener das Wachskrokodil ins Wasser. Da verwandelte sich das Tier augenblicklich in ein **sieben Ellen** langes, lebendes Krokodil, das den Mann packte und zum Grund des Sees hinabzog.

König Nebka beschloss, sieben volle Tage mit Ubaoner im Ptahtempel zu verbringen. Als der König nach sieben Tagen Anstalten machte, in seinen Palast zurückzukehren, stellte sich Ubaoner vor ihn

sieben Handbreit: etwa 13 cm.
sieben Ellen: etwa 3,65 m.

und sprach: ‚Seine Majestät möge mit mir kommen, um ein Wunder zu sehen!'

Der König willigte ein. Als sie bei Ubaoners Haus angelangt waren und vor dem Teich standen, rief der Priester das Krokodil und befahl ihm, den Mann zu bringen. Sogleich kroch das Tier aus dem Teich, zwischen seinen Zähnen den noch atmenden Mann.

Dem staunenden König verschlug es angesichts dieses Wunders die Sprache. Ubaoner bückte sich und packte das verzauberte Tier, das sich in seiner Hand wieder in ein Wachskrokodil verwandelte, dann berichtete er dem König, wie ihn dieser nichtswürdige Nachbar in seinem eigenen Garten mit seiner Gemahlin betrogen hatte.

Seine Majestät sprach zu dem Krokodil: ‚Geh wieder, und nimm deine Beute mit! Sie soll dir gehören.'

Da tauchte das Krokodil mit dem Mann wieder zum Grund des Teiches hinab, und niemand sollte jemals erfahren, wohin es mit seiner Beute verschwunden war. Dann ließ der König Ubaoners Frau ergreifen und hart bestrafen."

König Cheops hatte der Geschichte aufmerksam gelauscht. Nun sagte er: „Als **Opfergaben** möge Seine Majestät König Nebka tausend Brote, hundert Krüge Bier, einen Ochsen und Weihrauch empfangen. Zugleich möge man seinem obersten Vorlesepriester Ubaoner einen Laib Brot, einen Krug Bier, ein Stück Fleisch und Weihrauch darbringen, denn ich habe den Umfang seines Wissens erkannt."

Opfergaben:
Sie sind in diesem Fall für die Grabkapellen von Nebka und Ubaoner bestimmt.

Als Zweiter sollte sein Sohn Baefre versuchen, Cheops zu zerstreuen. Auch er erhob sich und sprach: „So höre nun diese erstaunliche Geschichte, die sich zur Zeit des Königs Snofru ereignet hat. Es ist die Heldentat seines obersten Vorlesepriesters Djadjaemanch:

Als König Snofru eines Tages gelangweilt durch die Räume seines Palastes spazierte, ließ er seinen obersten Vorlesepriester Djadjaemanch herbeirufen und erzählte ihm von seiner Langeweile.

Djadjaemanch antwortete: ‚Seine Majestät möge sich zum See des Königspalastes begeben. Dort soll eine Barke auf ihn warten, zu deren Besatzung die schönsten Mädchen des Palastes gehören. Der König möge ihnen beim Rudern zusehen, und bald schon wird ihm leicht ums Herz sein.'

Sogleich befahl Snofru: ‚Lasst die königliche Barke herrichten und mit zwanzig aus Ebenholz gefertigten und mit Gold überzogenen Rudern ausstatten. Man bringe auch zwanzig Frauen herbei und hülle sie in leichte Kleider, damit ich ihre Schönheit bewundern kann.'

Die Anweisungen des Königs wurden unverzüglich befolgt.

In der Barke begannen die zwanzig jungen Mädchen zu rudern, und tatsächlich füllte sich König Snofrus Herz bei ihrem Anblick mit Freude. Doch dann verlor eines der Mädchen im hinteren Teil des Bootes einen Ohrring, der ins Wasser fiel. Augenblicklich hörte es auf zu rudern, und seine Gefährtinnen folgten seinem Beispiel. Als Seine Majestät wissen wollte, warum sie nicht weiterruderten, antworteten sie: ‚Weil unsere Gefährtin aufgehört hat.'

Da fragte der König die junge Frau, warum sie nicht weiterrudere.

‚Mein **Türkisohrring** ist ins Wasser gefallen‘, gab sie zur Antwort.

Seine Majestät bot sich an, ihr den Ohrring zu ersetzen, doch sie lehnte ab. Sie wollte nur ihren eigenen Ohrring wiederhaben. Ratlos ließ der König Djadjaemanch herbeirufen und schilderte ihm den Vorfall.

Der Priester sprach eine Zauberformel und teilte den See in zwei übereinander getürmte Hälften. Auf dem Grund entdeckte er den Ohrring, nahm ihn und gab ihn seiner Eigentümerin zurück. Dann sprach er eine zweite Zauberformel und schob das Wasser wieder an seinen Platz. Darauf verbrachte

der König einen überaus angenehmen Tag, wofür er seinen obersten Vorlesepriester Djadjaemanch großzügig belohnte."

Cheops hatte auch dieser Erzählung aufmerksam zugehört. Er sprach: „Als Opfergaben möge Seine Majestät König Snofru tausend Brote, hundert Krüge Bier, einen Ochsen und Weihrauch empfangen. Zugleich möge man seinem obersten Vorlesepriester Djadjaemanch einen Laib Brot, einen Krug Bier, ein Stück Fleisch und Weihrauch darbringen, denn ich habe den Umfang seines Wissens erkannt."

Nun war Djedefre, ein weiterer Sohn des Königs, an der Reihe, eine Geschichte zu erzählen. Er erhob sich und sprach: „So

höre, König Cheops, bislang hat man dir Dinge berichtet, die Zauberer vergangener Zeiten vollbracht haben. Doch auch heute, unter deiner Herrschaft, gibt es einen Mann, der ein großer Zauberer ist."

„Wer kann das sein, mein Sohn?", fragte der König.

„Es handelt sich um einen alten Mann namens Djedi", gab Djedefre zur Antwort. „Er ist ein Greis, hundert Jahre alt, aber noch rüstig. Er ist in der Lage, einen abgeschlagenen Kopf wieder am Körper zu befestigen, und er kann einen Löwen dazu bringen, ihm zu folgen, ohne dass er ihn an die Leine legen müsste."

Seine Majestät befahl seinem Sohn, ihm diesen Djedi zu bringen. Als Djedefre bei dem alten Mann eintraf, sagte er zu ihm: „Ich bin gekommen, um dich zu meinem Vater, König Cheops, zu bringen. Man wird dir reichhaltige Speisen aus den Palastküchen servieren, und wenn du willst, wirst du dort, von allen bewundert und verehrt, deinen Lebensabend verbringen, bis du deinen Vorfahren in die **Nekropole** folgst."

„Ich danke dir für dein Angebot, Djedefre. Gerne begleite ich dich zum Königspalast, um Seiner Majestät zu Diensten zu sein."

Wieder im Palast, ließ Prinz Djedefre den König wissen, dass Djedi gekommen sei. Cheops befahl ihm, den Greis in den Empfangssaal des **Großen Hauses** zu führen. Dann fragte er den Zauberer: „Man sagt, du könntest einen abgeschlagenen Kopf wieder am Körper befestigen. Ist das wahr?"

Nekropole:
Gräberstadt.
Großes Haus:
so nannte man
den Königspalast.

„Ja, dazu bin ich in der Lage, mein Herr und Gebieter."

Da befahl Seine Majestät, man möge verschiedene Tiere bringen, damit Djedi an ihnen seine Zauberkraft unter Beweis stellen könne. Die Diener kamen mit einer Gans und einem Ochsen zurück.

Zuerst schlug man der Gans den Kopf ab und legte ihren Körper an die westliche Wand des Empfangssaals, während der Kopf an die östliche Wand gelegt wurde. Djedi sprach eine Zauberformel, worauf die Gans und ihr Kopf sich gleichzeitig aufrichteten und schwankend aufeinander zukamen. Dann vereinten sich Kopf und Körper wieder, und die Gans begann zu schnattern. Anschließend stellte Djedi an dem Ochsen sein Können unter Beweis. Schließlich ließ der König seinen Lieblingslöwen holen und auch ihm den Kopf abschlagen. Wieder sprach Djedi eine Zauberformel, und als der Kopf wieder befestigt war, stand der Löwe auf und folgte dem Greis, hinter sich die über den Boden schleifende Leine.

Staunend befahl Seine Majestät, man möge Djedi belohnen, indem man ihm bis ans Ende seiner Tage ein Leben voller Annehmlichkeiten bereite.

DER PHARAO ist der Erbe von Osiris und Horus, was sich in Titeln wie „Sohn des Re" oder „vollendeter Gott" widerspiegelt. Seine Aufgabe ist es, die Ordnung der Welt aufrechtzuerhalten. Deshalb muss er sicherstellen, dass es den Göttern in ihren Tempeln an nichts mangelt, das Reich gegen Feinde verteidigen und für das Wohl seiner Untertanen sorgen.

Chephren

Flachrelief von Sesostris I.

Der Pharao Chephren
Er ist Erbauer einer der Pyramiden von Giseh.

Die Kartuschen
In Inschriften wird der Name des Pharaos hervorgehoben, indem man ihn mit einem ovalen Ring umschließt. Solche Ringe heißen „Königsringe" oder „Kartuschen".

Die Zepter von Tutanchamun

Die Insignien des Pharaos
Pharao Chephren trägt den Nemes, ein gestreiftes Kopftuch, das bis über die Brust reicht, sowie den königlichen Bart. Der Falke des Gottes Horus umschlingt den Kopf des Herrschers mit seinen Flügeln, um zu zeigen, dass der Pharao Sohn des Horus ist.

Flachrelief von Ptolemäus VII.

Die Doppelkrone

Ptolemäus VII. wird hier in der pharaonischen Tradition dargestellt. An seiner Seite sind Nechbet und Wadjet, die Göttinnen von Ober- und Unterägypten, die ihm die Doppelkrone aufs Haupt setzen.

„KÖNIG CHEOPS HATTE DER GESCHICHTE AUFMERKSAM GELAUSCHT."

In der Mitte: Mykerinos

Die Sphinx von Giseh

Die Sphinx von Giseh

Dieser Löwe mit menschlichem Kopf ist sicher ein Abbild des Pharaos Cheops. Cheops ist der Erbauer der „großen" Pyramide und wird, als Gott verehrt, auch mit dem Sonnengott gleichgesetzt.

Mykerinos

Erbauer der „kleinen" Pyramide von Giseh. Er trägt die weiße Krone, Symbol der Königsherrschaft in Oberägypten.

Die Zepter

Unter den Zeptern eines Pharaos tauchen besonders zwei immer wieder auf: das Heqa-Zepter, ein Krummstab, ursprünglich vielleicht ein Hirtenstock, und das Flagellum, das Nechechu, eine Art Dreschflegel.

Die Geschichte
des Schiffbrüchigen

Im Auftrag des Pharaos war ich zu einer langen Seereise aufgebrochen. Wir reisten auf einem **einhundertzwanzig Ellen langen und vierzig Ellen breiten** Schiff mit einhundertzwanzig Seeleuten an Bord, die zu den besten Ägyptens zählten. Die Männer waren kühn und furchtlos wie Löwen. Sie sahen jeder Gefahr ins Auge und waren im Stande, jeden Sturm und jedes Gewitter weit im Voraus kommen zu sehen, bevor andere Menschen auch nur das geringste Anzeichen erkennen konnten.

Nach einigen Tagen kam tatsächlich inmitten des **Großen Grünen** ein schrecklicher Sturm auf. Nirgends war Land in Sicht, und um uns herum nichts als das tosende, aufgewühlte Meer. Schließlich erfasste eine **acht Ellen** hohe Welle das Schiff, die alles mit sich riss.

Es war meine Rettung, dass ich mich an den Mast gebunden hatte, denn das Schiff sank, und alle Männer an Bord ertranken. Nicht einer der hundertzwanzig Matrosen überlebte. Der Mast jedoch brach ab und trieb mit mir auf dem Großen Grünen dahin.

einhundertzwanzig Ellen lang und vierzig Ellen breit: etwa 60 m x 20 m.
Großes Grünes: das Meer, in diesem Fall das Rote Meer.
acht Ellen: etwa 4 m.

Lange Zeit klammerte ich mich an den Mast, bevor ich schließlich von den Wellen ans Ufer einer Insel gespült wurde. Dort schleppte ich mich in den Schatten eines Baumes, wo ich verzweifelt und einsam mein Schicksal beklagte. Ich hatte keine Hoffnung, mein Heim und meine Kinder jemals wiederzusehen.

Schließlich erhob ich mich und begab mich auf die Suche nach Wasser und Nahrung. Ganz in der Nähe entdeckte ich eine Quelle mit frischem Wasser sowie Feigen und Trauben. Außerdem fand ich die unterschiedlichsten Gemüsesorten, Früchte der Sykomore und Gurken, die denen unserer Heimat ähnlich waren. Es gab auch Fische und Geflügel in Hülle und Fülle: Diese Insel besaß alles, wovon man nur träumen konnte, und das im Überfluss. So konnte ich mich an den Speisen mühelos satt essen. Als ich genug gegessen hatte, zündete ich ein großes Feuer an und brachte den Göttern, die mir noch einmal das Leben geschenkt hatten, ein Opfer dar.

Plötzlich hörte ich ein Rauschen, von dem ich annahm, es sei eine riesige Welle, die das Große Grüne ans Ufer warf. Um mich herum begannen die Bäume zu schwanken und die Erde zu beben. Zitternd vor Angst warf ich mich zu Boden, das Gesicht in den Händen vergraben. Als ich es wagte, wieder aufzusehen, erblickte ich eine Schlange, die auf mich zukam. Sie war **dreißig Ellen** lang, hatte einen mit Gold überzogenen Körper, einen **zwei Ellen** langen Bart und Augenbrauen aus **Lapislazuli**.

Majestätisch kam die **göttliche Schlange** näher. Als ich mich vor ihr niederwarf, riss sie ihr Maul auf und sprach: „Was hast du auf meiner Insel zu suchen, kleiner Mensch? Verrate mir auf der Stelle, was dich auf diese Insel geführt hat, sonst zermalme ich dich, sodass nichts als Staub von dir übrig bleibt."

Mit ausgebreiteten Armen gab ich zur Antwort: „Im Auftrag des Pharaos war ich zu einer langen Seereise aufgebrochen. Wir reisten auf einem einhundertzwanzig Ellen langen, vierzig Ellen breiten Schiff mit einhundertzwanzig Seeleuten an Bord, die zu den besten Ägyptens zählten. Die Männer waren furchtlos wie Löwen, sahen jeder Gefahr mutig ins Auge und waren im Stande, jeden Sturm und jedes Gewitter weit im Voraus kommen zu sehen. Sie überboten sich gegenseitig an Tapferkeit und Kraft, nicht ein einziger Feigling fand sich unter ihnen.

dreißig Ellen:
etwa 15 m.
zwei Ellen:
etwa 1 m.
Lapislazuli:
blauer Stein.
göttliche Schlange:
Das Fleisch der Schlange ist wie das der Götter aus Gold. Bart und Lapislazuli sind weitere göttliche Symbole.

Als auf hoher See inmitten des Großen Grünen ein Sturm aufkam, ging der ganze Zorn des Himmels auf uns nieder. Vergeblich versuchten wir, das rettende Land zu erreichen. Der Sturm wurde immer stärker, bis schließlich eine acht Ellen hohe Welle das Schiff erfasste. Der Mast, an dem ich mich festgebunden hatte, war meine Rettung. Denn das Schiff sank, doch der Mast brach ab und trieb mit mir auf dem Großen Grünen dahin. Außer mir überlebte kein Mitglied der Besatzung. Nun knie ich vor dir, denn eine Welle hat mich ans Ufer dieser Insel gespült."

Da antwortete die göttliche Schlange: „Hab keine Angst, kleiner Mensch, hab keine Angst! Du hast nichts von mir zu befürchten! Du bist zu mir gelangt, weil die Götter beschlossen haben, dass du weiterleben sollst. Sie haben dich auf diese

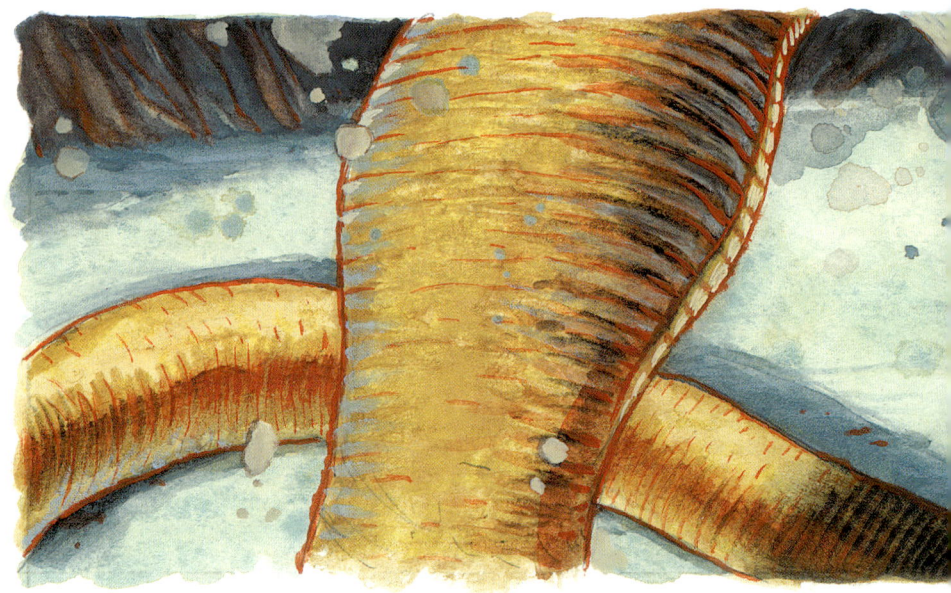

Zauberinsel geführt, die alles, was das Herz begehrt, im Überfluss besitzt.

Vier Monate wirst du auf meiner Insel bleiben. Dann wird ein Schiff kommen, vom Pharao entsandt. Mit ihm wirst du zum Palast zurückkehren. In deiner Heimat wirst du noch viele Jahre glücklich im Kreise deiner Familie verleben. Glücklich darf sich schätzen, wer nach Abenteuern und schweren Prüfungen von seinen Erlebnissen berichten kann!"

Ich begann wieder zu hoffen und antwortete der Schlange voller Demut: „Ich werde dem Pharao von deiner Allmacht berichten und deine Großzügigkeit preisen. Ich werde dafür sorgen, dass man dir **Labdanum**, **Hekenu** und **Iudeneb** bringt, Zimt und duftendes **Terebinthenharz**, das

Labdanum:
eine Art Weihrauch.
Hekenu und Iudeneb:
Duftstoffe.
Terebinthenharz: wird zum Färben von Stoffen benutzt.

in den Tempeln die Götter erfreut. Ich werde überall erzählen, was ich erlebt habe, und alles, was in meinem Land Rang und Namen hat, wird zusammenströmen, um zu deinem Wohl die Götter zu preisen. Für dich werde ich Stiere schlachten und sie dir als Brandopfer darbieten, für dich werde ich Hähnen die Hälse umdrehen. Ich werde mit allen Reichtümern Ägyptens beladene Schiffe zu dir schicken. Das ist man einem Gott schuldig, der die Menschen liebt, in einem fernen Land, das diese Menschen noch nicht kennen."

Da lachte die göttliche Schlange mich aus und antwortete: „Du willst mir Labdanum schenken? Dabei weiß ich doch, dass es in deinem Land kaum welches gibt! Du ahnst nicht, was sich hinter meiner Schlangengestalt verbirgt. In Wirklichkeit bin ich der Prinz von **Punt**. Auch das Hekenu-Parfüm und vieles andere wird auf meiner Insel hergestellt und nicht in deinem Land! Ich will dir verraten, was geschehen wird: Wenn du dieses Eiland verlassen hast, wird es in den Fluten versinken, und du wirst es nie wiedersehen."

Punt:
in ägyptischen Inschriften häufig genanntes Land an der Ostküste Afrikas, südlich des Sudans. Wegen seiner mythischen Reichtümer nannten die Ägypter es „Land der Götter".

Nach vier Monaten auf der Insel der göttlichen Schlange kam, wie von ihr vorausgesagt, ein Schiff in Sicht. Ich lief zum Ufer und kletterte auf einen hohen Baum, von dem ich die Männer an Bord erkennen und ihnen ein Zeichen geben konnte, an der Insel anzulegen. Dann stieg ich wieder hinab und eilte zu meiner Gastgeberin, um ihr die Neuigkeit zu überbringen, doch sie wusste bereits von der Ankunft des Schiffes und sprach: „Mögest du unversehrt deine Heimat

erreichen, kleiner Mensch, und deine Kinder wiedersehen. Sorge dafür, dass mein guter Ruf sich im ganzen Land verbreitet. Mehr verlange ich nicht."

Mit ausgebreiteten Armen verneigte ich mich demütig vor ihr. Darauf schenkte mir die Schlange eine ganze Ladung Weihrauch, Hekenu, Iudeneb, Zimt, **Tischepsis**, **Antimonpulver**, sowie Giraffenschwänze, Terebinthenharz, elfenbeinerne Stoßzähne, Jagdhunde, verschiedene Arten von Affen und andere Kostbarkeiten, die unser Schiff füllen sollten.

Voller Ehrfurcht bedankte ich mich. Zum Abschied sagte die Schlange: „Siehe, in zwei Monaten wirst du den Königspalast erreichen und deine Kinder in die Arme schließen. Noch viele glückliche Jahre erwarten dich."

Tischepsis:
ein weiterer
Duftstoff.

Antimonpulver:
dient zur Herstellung
von „Khol", womit
sich die Ägypter
die Augen schwarz
schminkten.

Ich ging zum Ufer hinab, wo das Schiff vor Anker lag, und befahl der Besatzung, all die Schätze, welche die Herrscherin der Zauberinsel mir gegeben hatte, zu verladen. Noch am Strand sprach ich ihr wieder meinen feierlichen Dank aus und die Seeleute folgten meinem Beispiel. Als wir ein Stück weit gesegelt waren, hörten wir hinter uns plötzlich ein Tosen. Als wir uns umsahen, erkannten wir, dass die Insel, wie von der göttlichen Schlange angekündigt, im Meer versank. Wir segelten zwei Monate lang, wie sie es vorhergesagt hatte, dann erreichten wir Ägypten.

Am Königspalast wurde ich zum Pharao geführt und legte ihm die Geschenke zu Füßen, die ich von der Insel heimgebracht hatte. Da ließ der Pharao alles, was im Land Rang und Namen hatte, zusammenkommen, um gemeinsam die Götter zu preisen. Mich ernannte er zu seinem **Gefolgsmann**.

Gefolgsmann: Ehrentitel.

DER HANDEL entwickelt sich im alten Ägypten zunächst entlang des Nils, des wichtigsten Transportwegs. Ihn befahren nicht nur die Menschen, sondern auch die Götter, die stets in ihrer Barke reisen. Sehr früh schon nutzen die Ägypter Schiffe, um ausländische Waren ins Land zu holen: Holz aus dem Libanon oder Weihrauch von den Südufern des Roten Meeres.

Schiffe
Die größeren Schiffe sind mit Segeln und Rudern ausgestattet. Sie transportieren über lange Strecken schwere Ladungen wie Steine – z. B. Granit aus Assuan – oder Getreide.

Barke

Weinkrug

Feluke

Barken
Kleine Ruderbarken transportieren über kurze Strecken Fahrgäste und leichtere Waren.

Der Warentransport
Flüssigkeiten werden in **Krügen** aus Terrakotta transportiert, Getreide wird in Leinensäcken oder Körben befördert. Handwerksgegenstände müssen vor Ort hergestellt und getauscht werden.

In einem Grab gefundene Barke

Die Feluken
Die Feluken, die heute auf dem Nil verkehren, sind anders als die der alten Ägypter. Diese haben rechteckige Segel und ein oder zwei große Ruder.

In den Gräbern
In Gräbern hat man Modelle von Barken gefunden. Sie sind meist einfach ausgestattet, manchmal mit einer kleinen Kabine. Gefahren werden sie von einigen Ruderern.

„ICH WERDE MIT ALLEN REICH- TÜMERN ÄGYPTENS BELADENE SCHIFFE ZU DIR SCHICKEN."

Darstellung exotischer Tiere in einer Grabstätte

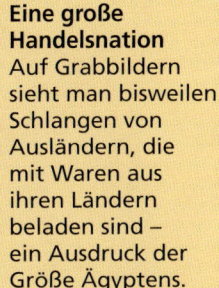

Eine große Handelsnation

Auf Grabbildern sieht man bisweilen Schlangen von Ausländern, die mit Waren aus ihren Ländern beladen sind – ein Ausdruck der Größe Ägyptens.

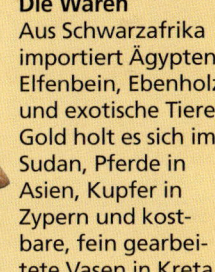

Weihrauchbaum

Der Weihrauch- handel

Im alten Ägypten gibt es keinen Weih- rauch, er muss im- portiert werden. Königin Hatschep- sut lässt eine Expe- dition nach Punt durchführen, wo sie Weihrauch- bäume holen und in Ägypten heimisch machen will.

Die Waren

Aus Schwarzafrika importiert Ägypten Elfenbein, Ebenholz und exotische Tiere. Gold holt es sich im Sudan, Pferde in Asien, Kupfer in Zypern und kost- bare, fein gearbei- tete Vasen in Kreta.

Die zwei Brüder

In einem Dorf an den Ufern des Nils lebten zwei Brüder: Anubis, der Ältere, und Bata, der Jüngere. Anubis bewohnte mit seiner Frau das Haus, das er von seinen Eltern geerbt hatte, und Bata lebte bei ihnen. Die beiden Brüder waren ein Herz und eine Seele, und der Jüngere half dem Älteren bei der Arbeit auf dem Felde.

Jeden Morgen bereitete er die Mahlzeit zu, die sein Bruder mit auf die Felder nahm, dann trieb er die Kühe auf die Weide. Die Tiere liefen vor ihm her und sagten zu ihm: „Führ uns zu dem und dem Platz, dort ist das Gras saftig."

Und Bata brachte sie zu dem gewünschten Ort. So gedieh seine Herde prächtig. In der Abenddämmerung kehrte er mit den Tieren heim. Nach dem Abendessen ging er in den Stall, um bei seinem Vieh die Nacht zu verbringen.

Als die Jahreszeit **Achet** zu Ende ging und **Peret** begann, begannen die beiden Brüder, die Felder zu pflügen. Bata wählte seine beiden kräftigsten Ochsen, spannte sie vor den Pflug und arbeitete den ganzen Tag an der Seite seines Bruders. Als alle Felder für

Achet, Peret:
Das ägyptische Jahr ist in drei Jahreszeiten von jeweils vier Monaten unterteilt: Achet, die Zeit der Nil-Überschwemmung, Peret, die Zeit der Feldbestellung und Aussaat, und Schemu, die Zeit des Keimens und der Ernte.

die Aussaat bereitet waren, bat Anubis seinen jüngeren Bruder, nach Hause zu laufen und das Saatgut zu holen. Als er dort ankam, war die Frau seines Bruders gerade dabei, sich die Haare zu kämmen. Bata sprach sie an: „Bitte hol mir das Saatgut, damit ich es rasch meinem Bruder aufs Feld bringen kann."

Doch sie weigerte sich, ihm zu helfen. „Geh doch selbst", antwortete sie, „und stör mich nicht."

Also ging Bata zum Speicher und lud sich zwei mit Gersten- und Weizenkörnern gefüllte Säcke auf den Rücken. Als die Frau ihn so schwer beladen vorübergehen sah, füllte sich ihr Herz angesichts seiner Stärke mit Bewunderung und Begierde. Sie stand auf und sagte freundlich zu ihm: „Wie stark du bist! Komm zu mir, wir wollen uns niederlegen und eine Stunde miteinander verbringen!"

Da wurde der junge Mann sehr zornig, und er fuhr sie an: „Du bist wie eine Mutter für mich, und dein Mann, mein Bruder, ist wie mein Vater! Was ist das für ein abscheulicher Gedanke? Sag nie wieder so etwas zu mir."

Und er drehte sich auf dem Absatz um, kehrte zu seinem Bruder auf die Felder zurück und machte sich wieder an die Arbeit. Er war wütend, doch er erzählte seinem Bruder nicht, was geschehen war.

Am Abend, nach einem schweren Arbeitstag, trat Anubis den Heimweg an, während Bata noch auf den Feldern blieb, um seine Herde zusammenzutreiben. Anubis' Frau machte sich große Sorgen, dass Bata seinem Bruder etwas gesagt haben könnte, und schmiedete einen Plan.

Als Anubis heimkam, war von seiner Frau nichts zu sehen. Sie stand nicht wie gewohnt mit Wasser an der Tür, mit dem er seine Hände waschen konnte, und im Haus brannte kein Licht. Er trat ein und fand sie zitternd und weinend im Bett. Entsetzt fragte Anubis sie, was passiert sei.

„Dein jüngerer Bruder", gab sie zur Antwort. „Er hat mich allein im Haus vorgefunden und zu mir gesagt: ‚Komm zu mir. Wir wollen uns niederlegen und eine Stunde miteinander verbringen.' Doch ich weigerte mich und erwiderte ihm: ‚Bin ich denn nicht wie eine Mutter für dich? Bin ich nicht die Frau deines älteren Bruders, der wie ein Vater für dich ist?' Da bekam er Angst und schlug mich, damit ich dir nicht verrate, was er vorhatte. Für diese Schandtat musst du deinen treulosen Bruder töten!"

Nach ihrem Bericht war Anubis außer sich vor Wut. Er packte eine Lanze und versteckte sich im Speicher, um Batas Rückkehr abzuwarten. Doch als die Kühe den Hof erreichten, sahen sie Anubis und warnten ihren Herrn. Da bemerkte Bata im Speicher den Schatten seines Bruders und sah die Lanze in seiner Hand. Er bekam Angst und floh, doch Anubis verfolgte ihn.

In seiner Verzweiflung wandte sich Bata an Re, den großen Gott, und flehte ihn um Hilfe an. Der Gott hörte sein Gebet und trennte die beiden Brüder durch eine weite Wasserfläche voller Krokodile.

Anubis war zornig, dass er seinen Bruder nicht ergreifen konnte, doch der sprach über das Wasser hinweg zu ihm: „Warum willst du mich töten, ohne mich auch nur angehört zu haben? Dabei bin ich dein jüngerer Bruder, und du bist wie ein Vater für mich. Hör mich an! Als du mich geschickt hast, das Saatgut zu holen, hat deine Frau zu mir gesagt: ‚Komm zu mir, wir wollen uns niederlegen.' Jetzt stellt sie die Dinge auf den Kopf und behauptet das Gegenteil, aber sie lügt."

Als sein älterer Bruder das hörte, schämte er sich, Bata vorschnell verurteilt zu haben. Bata fuhr fort: „Du hast nur auf die boshaften Worte deiner Frau gehört und nicht an all das gedacht, was ich jahrelang für dich getan habe. Geh nach Hause und kümmere dich um dein Vieh und deine Felder, denn ich werde dich verlassen. Ich gehe fort ins **Tal der Schirmpinie**, und du wirst mich nicht mehr sehen. Dort werde ich mein Herz nehmen und es auf die **Pinienblüte** legen. Wird die Pinie gefällt, so

Tal der Schirmpinie: an der Küste Phönikiens gelegen.
Pinienblüte: Aus der Blüte der Pinie entsteht eine herzförmige Frucht.

sterbe ich. Du wirst wissen, dass mir etwas zugestoßen ist, wenn der Bierkrug, den du in den Händen hältst, überläuft. Eile dann rasch herbei und suche mein Herz. Hast du es gefunden, so lege es in ein Gefäß mit frischem Wasser. Dann werde ich zu neuem Leben erwachen."

Mit diesen Worten machte sich Bata auf den Weg ins Tal der Schirmpinie, während sich Anubis als Zeichen seiner Trauer mit Staub bewarf und in sein Haus zurückkehrte. Dort packte er seine Frau, tötete sie und warf ihren Leichnam den Hunden vor.

Viele Monate vergingen. Im Tal der Schirmpinie hatte sich Bata ein schönes Haus gebaut. Er verbrachte seine Tage mit Jagen und setzte sich Abend für Abend unter die Pinie, auf deren Blüte sein Herz lag.

Auf der Jagd begegnete ihm eines Tages die göttliche **Enneade**. Sie sprach zu ihm: „Bist du allein hier, Bata, nachdem du deinem Bruder Anubis entfliehen konntest? Er hat dich gerächt und seine Frau getötet."

Die Götter hatten Mitleid mit Bata, und Re gab ihm eine seiner Töchter zur Gefährtin. Ihre Schönheit war größer als die jeder anderen Frau, und ihr Körper verströmte den Duft der Götter. Bata war glücklich, als die Frau kam, um bei ihm zu wohnen. Doch er warnte sie: „Gibt Acht, dass du unser Haus nicht verlässt, denn der Meeresgott hat vor, dich zu entführen, und draußen wirst du ihm nicht entkommen."

Enneade:
die Götterneunheit, d.h. der Kreis der neun Götter von Heliopolis, an deren Spitze Atum steht.

Dann vertraute er ihr sein Geheimnis an: „Mein Herz ruht auf der Blüte der Schirmpinie. Wenn mir jemand Böses will und den Baum fällt, wird er mich dadurch töten!"

Die beiden lebten glücklich zusammen, doch eines Tages verspürte die Frau den Wunsch, das Haus zu verlassen. Zwar fehlte es ihr an nichts, aber sie fühlte sich eingesperrt und einsam und langweilte sich. Darüber vergaß sie Batas Ermahnungen. Als sie dem Haus den Rücken gekehrt hatte und sich der Küste näherte, entdeckte sie der Meeresgott und stürzte auf sie zu, um sie zu ergreifen. So schnell sie ihre Beine trugen, lief sie davon und konnte mit knapper Not das Haus erreichen. Dem Meeresgott gelang es nur noch, ihr eine Locke ihres Haares auszureißen.

Während der Gott von Küste zu Küste zog, trug er die Locke stets bei sich und brachte sie bis nach Ägypten, wo er sie im

Waschhaus des Königspalastes ablegte. Nach und nach ging ihr göttlicher Duft auf die Kleider des Pharaos über, der sich nach der Herkunft dieses wunderbaren Parfüms erkundigte, das ihn mit jedem Tag mehr bezauberte. Doch der Parfümeur des Palastes musste eingestehen, dass er diesen Duft nicht kannte, und begab sich ins Waschhaus. Dort entdeckte er die auf dem Wasser schwimmende Locke, die den göttlichen Duft verströmte. Er brachte sie dem Pharao, der seine Schreiber und Priester zu sich rief. Diese konnten ihm sagen, um wessen Haare es sich handelte.

„Diese Haarlocke gehört einer Tochter des Re, die im Tal der

Schirmpinie lebt. Schick Soldaten und mit Geschenken beladene Diener in das Tal. Sie sollen das Mädchen dazu bewegen, zu dir zu kommen."

Da Batas Gefährtin sich zu Hause langweilte und die Geschenke des Pharaos sie verlockten, kam sie bereitwillig mit. Bald schon kehrten die Abgesandten des Pharaos mit der jungen Frau zurück, deren Schönheit das ganze Land entzückte. Als der Pharao sie erblickte, entflammte er in Liebe zu ihr und ernannte sie zu seiner bevorzugten Geliebten. Er ließ einen prächtigen Palast für sie errichten und schenkte ihr alles, was ihr Herz begehrte.

Doch die junge Frau hatte Angst vor Bata, deshalb sprach sie zum Pharao: „Mein Gatte ist ein starker, tapferer Mann. Ich fürchte, dass er kommen und mich zwingen wird, zu ihm zurückzukehren. Der Pharao möge Soldaten ins Tal der Schirmpinie schicken, die den Baum fällen sollen. Dann wird mein Gatte sterben, und ich werde ohne Furcht für immer hier bleiben können."

Also zogen auf Befehl des Pharaos Soldaten aus und fällten die Pinie. Die Blüte, auf deren Blättern Batas Herz ruhte, fiel zu Boden, und er starb.

An demselben Tag kehrte Anubis nach der Arbeit in sein Haus zurück. Wie jeden Abend brachte ihm der Diener einen Krug Bier, um seinen Durst zu stillen. Kaum nahm Anubis den Krug in die Hände, begann das Bier überzulaufen. Man brachte ihm einen zweiten Krug, doch wieder begann das Bier zu sprudeln und lief über. Da erinnerte sich Anubis an die Worte seines Bruders und wusste, was geschehen war. Er erhob sich und brach unverzüglich ins Tal der Schirmpinie auf. Als er nach langen Tagesmärschen dort ankam, entdeckte er seinen leblos am Boden liegenden Bruder. Er suchte die Pinie und sah, dass sie gefällt worden war und am Boden vertrocknete. Doch das Herz seines Bruders war spurlos verschwunden. So begab er sich auf die Suche, doch auch nach vielen Monaten hatte er das Herz noch nicht gefunden. Allmählich ließ er den Mut sinken.

Als er aufgeben und wieder nach Hause gehen wollte, fiel sein Blick auf ein winziges Samenkorn, das versteckt unter den vertrockneten Ästen der Pinie lag. Voller Hoffnung nahm er es und legte es in ein Gefäß mit frischem Wasser. Als das Korn alles Wasser aufgesogen hatte, bemerkte Anubis, dass ein Beben durch den Körper seines Bruders ging. Er führte ihm das Gefäß an den Mund und ließ den Inhalt durch seine Kehle rinnen. Batas Herz kehrte an seinen Platz zurück, und der junge Mann erwachte zu neuem Leben.

Die Brüder umarmten sich, und Bata sprach zu Anubis: „Ich werde mich in einen großen **Stier mit einem wunderbaren Fell** verwandeln. Steige du auf meinen Rücken, und ich bringe dich zum Palast des Pharaos. Mein Anblick wird alle entzücken, denn niemand wird einen solchen Stier je zuvor gesehen haben. Der Pharao wird dir das Gewicht des Stieres mit Silber und Gold aufwiegen, um ihn dir abzukaufen. So kannst du reich nach Hause zurückkehren."

Stier mit einem wunderbaren Fell: Heilige Stiere, die verschiedene Götter verkörperten, besaßen ein mit besonderen Zeichen bedecktes Fell.

Tags darauf verwandelte sich Bata in einen Stier und trug seinen Bruder auf dem Rücken davon. In Ägypten eingetroffen, erregte das Tier überall große Bewunderung und wurde zum Pharao gebracht. Seine Majestät zeigte sich hoch erfreut, und mit ihm die Priester und das ganze Volk. So beschloss der König, dem Stier zu Ehren ein Opfer darzubringen, und wie Bata es angekündigt hatte, wog man ihn Anubis mit Silber und Gold auf.

Der Stier durfte sich überall frei bewegen. Eines Tages betrat er den Palast der Geliebten des Pharaos, und er sagte zu ihr: „Siehe, ich bin noch am Leben. Ich bin Bata, und ich weiß, dass du den Baum, in dessen Blüte mein Herz ruhte, vernichten ließest."

Der Frau wurde Angst und Bange, und als der Pharao zu ihr kam, verlangte sie von ihm: „Schwöre, dass du mir diesen Wunsch erfüllen wirst: Ich möchte, dass du den Stier töten lässt."

Wie immer gab der Pharao dem Wunsch seiner Geliebten nach. Er ließ eine große Opferzeremonie abhalten, bei der

man dem Stier die Kehle durchschnitt. Dabei spritzten zwei Blutstropfen gegen die Pfosten der Tür des Königspalastes. Sogleich wuchsen zwei große **Perseabäume** daraus hervor, und die Diener liefen schnell zum Pharao und sagten: „Ein Wunder ist geschehen: Deinen Türpfosten sind unversehens zwei große Perseabäume entsprungen."

Der Pharao war von dem Wunder tief ergriffen, und man hielt zu Ehren der beiden heiligen Bäume weitere Opferzeremonien ab.

Perseabaum: der Baum der Liebenden, die darunter Zuflucht finden. Auf seinen Blättern schreibt der Gott Thot die Namen der Pharaonen nieder.
Huldigung: Ehrungen.

Einige Zeit später beschloss der Pharao, den beiden Perseabäumen erneute **Huldigungen** darzubringen. In Begleitung seiner Geliebten nahm er vor der Tür des Palastes Platz. Jeder von ihnen saß unter einem der Bäume, und so ließen sie sich von den Großen des Reiches die Ehre erweisen und vom ganzen Volke Ägyptens bejubeln.

Die Frau war hoch zufrieden. Doch plötzlich richtete der Perseabaum, unter dem sie saß, das Wort an sie: „He, Verräterin! Ich bin Bata. Ich bin immer noch am Leben, obwohl du so oft versucht hast, mich zu töten. Du hast die Pinie, die meinem Herzen Schutz bot, fällen lassen. Und den Stier, der ich geworden war, ließest du opfern. Schau, nun bin ich der heilige Baum, unter dem du sitzt."

Und die Frau bekam große Angst.

Als der Pharao und seine Geliebte am nächsten Tag beieinander saßen und sich die Zeit vertrieben, forderte sie ihn auf: „Schwöre mir bei den Göttern, dass du mir diesen Wunsch erfüllen wirst. Ich bitte dich, die beiden Perseabäume fällen zu lassen. Aus ihrem Holz möge man schöne Möbel für mich machen."

Ihr Wunsch stimmte den König traurig, doch die Liebe, die er für seine Geliebte empfand, war stärker, und so befahl er seinen Handwerkern zu tun, was sie begehrte. Während die junge Frau den Arbeitern beim Fällen der Bäume zusah, flog ihr ein Splitter direkt in den Mund, und sie wurde auf der Stelle schwanger davon.

Viele Tage vergingen, und die Geliebte des Pharaos brachte einen Jungen zur Welt. Sein Blut war das **Blut der Götter**, und der Pharao liebte ihn sehr. Jahre später, als der Junge älter wurde, ernannte er ihn zum Kronprinzen.

Schließlich kam der Tag, da der Pharao sich für immer ins Reich der Götter begab und der Sohn seiner Geliebten den Thron bestieg. Sogleich versammelte er die Mächtigen des Landes um sich und sprach in Anwesenheit seiner Mutter zu ihnen: „Seht, ich bin Bata! **Diese Frau ist meine Mutter**, doch einst war sie meine Gattin, die Re mir zum Geschenk gemacht hatte."

Und vor aller Augen erzählte Bata, der neue Pharao, seine Geschichte.

Als sie alles gehört hatten, riefen die Mächtigen Ägyptens aus: „Wahrlich, diese Frau verdient den Tod für ihre Taten. Möge das Schwert sie richten, das seit dem Beginn der Zeit an allen Feinden des Re Vergeltung übt!"

Blut der Götter: Batas Frau, die spätere Geliebte des Pharaos, ist eine Tochter des Re. **Diese Frau ist meine Mutter:** Durch den Splitter, den die Frau verschluckte, konnte Bata seine einstige Frau schwängern und als ihr Kind wiedergeboren werden.

DIE LANDWIRTSCHAFT ist der wichtigste Wirtschaftszweig im alten Ägypten, und der Großteil der Bevölkerung Bauern. Die natürliche Bewässerung durch den Nil ermöglicht den Anbau von Getreide, Obst und Gemüse sowie eine intensive Viehhaltung. An den Nilufern sind Fischfang und Vogeljagd verbreitet.

Die Grundbesitzer

Während die Mehrheit der Landbevölkerung in behelfsmäßigen Unterkünften lebt, besitzen einige wenige Bevorzugte aus dem Umfeld des Pharaos große Ländereien. Theoretisch gehört alles Land dem Pharao, der es den „Noblen" zur Nutzung überlässt. Tatsächlich wird es wie Eigentum von Generation zu Generation weitervererbt.

Pflügender Bauer

Das Hochwasser

Es verwandelt das ganze Niltal in eine Art riesigen See, aus dem nur die flachen Hügel ragen, auf denen sich Dörfer und Städte, Tempel und Paläste befinden.

Die Arbeit der Bauern

Dieses Modell, das einem Grab entstammt, zeigt einen pflügenden Bauern. Gepflügt wird immer gegen Ende Oktober, sobald der Nil in sein Bett zurückgekehrt ist.

Die Jagd

Die Jagd ist ein Zeitvertreib der Oberschicht. Manchmal geht sie mit einer religiösen Symbolik einher, z. B. das Jagen von Nilpferden, in denen man wegen ihrer Gefährlichkeit die Kräfte des Bösen verkörpert sieht. Von religiöser Bedeutung ist auch die Jagd des Pharaos auf Löwen und wilde Stiere, die am Rande der Wüste leben.

Der „Noble" Nebamun jagt Wasservögel.

Der Gutsbesitzer lässt seine Herden an sich vorüberziehen.

„DIE BEIDEN BRÜDER WAREN EIN HERZ UND EINE SEELE, UND DER JÜNGERE HALF DEM ÄLTEREN BEI DER ARBEIT AUF DEN FELDERN."

Das Buch des Thot

Es lebte einmal ein König namens Usermaatre, und dieser König hatte einen Sohn mit Namen Satni. Dieser war sehr gelehrt und der größte Zauberer Ägyptens. Satni verbrachte seine Tage damit, die Texte zu lesen, die in Grabwände, Tempelmauern und **Stelen** eingraviert waren. Als er nun eines Tages über den Vorplatz des Ptahtempels schritt und die Inschriften las, sprach ihn ein Mann an.

Stele: frei stehende, aufrechte Steinplatte mit Inschriften.

„Wenn du wirklich einen Text lesen willst, der Macht verleiht, so komme mit mir. Ich weiß, wo sich das Buch befindet, das der unsterbliche Thot mit eigener Hand geschrieben hat. In ihm sind zwei Formeln enthalten. Mit der ersten Formel kannst du das Weltall verzaubern und die Sprache der Tiere verstehen. Mit der zweiten Formel kannst du in deinem Grab die Gestalt wiedererlangen, die du auf Erden hattest."

„Bei meinem Leben!", antwortete Satni. „Wenn du mich zu diesem Buch führst, erfülle ich dir jeden Wunsch."

Daraufhin erklärte ihm der Mann: „Das Buch befindet sich im Grab von Naneferkaptah, dem Sohn des Königs Mernebptah."

In seiner Gier, das Buch zu besitzen, vergaß Satni alle Vernunft. Er trat vor den König, berichtete ihm, was der Mann gesagt hatte, und bat ihn um die Erlaubnis, das Grab von Naneferkaptah zu öffnen.

Nachdem der König zugestimmt hatte, begab sich Satni umgehend zur Nekropole von Memphis. Dort musste er drei Tage und drei Nächte lang suchen, ehe er den Ort fand, wo Naneferkaptah begraben lag. Satni sprach eine Zauberformel, worauf sich die Erde öffnete und den Eingang zum Grab freigab. Er stieg in die Gruft hinab. Dort unten war es so hell, als würde die Sonne scheinen, denn von dem Buch ging ein Licht aus, das alles ringsum erleuchtete.

Naneferkaptah war nicht allein in dem Grab. Neben ihm lagen seine Frau Ahure und seine Sohne Merib. Als Satni näher kam, richtete sich Ahure auf und fragte ihn, wer er sei.

„Mein Name ist Satni, ich bin gekommen, um mir das Buch des Thot zu holen. Gib es mir, sonst nehme ich es mir mit Gewalt", antwortete er.

„Ich bitte dich", sprach Ahure zu ihm, „höre zunächst, welches Unglück wir wegen des Buches, das du verlangst, erleiden mussten: Mein Name ist Ahure, ich bin die Tochter von König Mernebptah, und jener Mann, den du an meiner Seite siehst, ist mein Bruder Naneferkaptah. Als ich alt genug war, um zu heiraten, suchte meine Mutter den König auf und sagte zu ihm: ‚Ahure, unsere Tochter, liebt Naneferkaptah, ihren älteren Bruder, wir sollten sie miteinander verheiraten.' "

Doch der König antwortete: ‚Du hast nur zwei Kinder und willst sie miteinander verheiraten?'

‚Ja, selbst wenn ich keine weiteren Kinder bekomme‘, erwiderte sie.

Da willigte mein Vater ein, und wir heirateten. Nach einem Jahr kam unser Sohn zur Welt, dem wir den Namen Merib gaben.

Als mein Ehemann und Bruder Naneferkaptah einige Zeit später in der Nekropole von Memphis weilte, um dort die Inschriften alter Gräber zu entziffern, traf er einen alten Priester, der ihn fragte: ‚Warum liest du diese Schriften, die keinerlei Macht verleihen? Komm mit mir, ich weiß, wo sich das Buch befindet, das der große Thot von eigener Hand geschrieben hat. In diesem Buch finden sich zwei Formeln. Mit der ersten Formel kannst du das Weltall verzaubern und die Sprache der Tiere verstehen. Mit der zweiten Formel kannst du in deinem Grab die Gestalt wiedererlangen, die du auf Erden hattest.‘

Naneferkaptah sprach zu dem Priester: ‚So wahr der König

mein Vater ist! Sag mir, was du begehrst, und ich gebe es dir, wenn du mich zu diesem Buch führst.'

Der Priester antwortete ihm: ‚Gib mir einhundert **Deben** Silber für meine Grabstätte, und ich sage dir, wo es ist.'

Sogleich ließ Naneferkaptah dem Priester die genannte Summe auszahlen, worauf dieser ihm beschrieb, wo er das Buch finden könnte.

‚Das Buch befindet sich mitten im **Meer von Koptos** in einer eisernen **Schatulle**, die von einer heiligen Schlange bewacht wird.'

Deben:
Gewichtseinheit, ca. 92 Gramm.
Meer von Koptos:
Rotes Meer.
Schatulle:
Kästchen, Schmuckbehälter.

In seiner Gier, das Buch zu besitzen, vergaß Naneferkaptah alle Vernunft. Er erzählte mir, was er gehört hatte, und kündete an, dass er sich auf die Suche nach diesem Buch begeben wolle. Ich konnte ihn nicht davon abbringen, und so machten wir uns zu dritt auf den Weg – Naneferkaptah, unser Sohn und ich selbst. In Koptos wurden wir von den Priestern des Isistempels empfangen. Naneferkaptah ließ im Tempel einen Stier opfern und brachte ihn der Göttin dar. Dann bat er, man möge ihm eine große Menge an Wachs bringen, aus dem er eine Barke und ihre Besatzung formte. Darauf sprach er eine Zauberformel, mit der er den Männern Leben einhauchte, und ging an Bord der Barke. Mein Sohn und ich blieben bei den Priestern.

Drei Tage ruderten die Männer, bis sie die Stelle erreichten, an der sich das Buch befinden sollte. Dort warf Naneferkaptah eine Hand voll Sand ins Wasser, das sich sogleich vor ihm auftat. Er sah die Schatulle auf dem Meeresgrund liegen, von der

heiligen Schlange bewacht. Mein Bruder stieg hinab und fiel über das Tier her. Nach einem langen und heftigen Kampf gelang es ihm, die Schlange zu töten. Darauf nahm er die Schatulle an sich, öffnete sie und fand darin das Buch des Thot. Er sprach die erste Formel, die darin niedergeschrieben war, und verzauberte das Weltall. Nun konnte er die Sprache der Tiere verstehen.

Dann stieg er wieder in sein Boot, schloss das Meer hinter sich und kehrte zu mir und meinem Sohn zurück. Er überreichte mir das Buch, dann ließ er sich ein Stück **Papyrus** bringen und schrieb den Inhalt des Buches darauf nieder. Dann tränkte er den Papyrus in Bier, ehe er das Ganze in Wasser auflöste. Das Wasser trank er und wusste nun alles, was in dem Buch geschrieben stand. Darauf kehrten wir zum Isistempel zurück, um der Göttin vor unserer Heimreise in den Norden Huldigungen darzubringen.

Papyrus: aus einer Schilfpflanze hergestelltes Papier der Ägypter.

Doch Thot erfuhr, was geschehen war, und erhielt von Re die Erlaubnis, Naneferkaptah zu bestrafen. Höre, welche Strafe er ihm auferlegte:

Während unserer Heimfahrt beugte sich unser Sohn Merib über die Reling des Schiffes, fiel ins Wasser und ertrank. Naneferkaptah trat aus der Kajüte, sprach eine Zauberformel und ließ ihn aus dem Wasser emporsteigen. Mithilfe einer weiteren Formel ließ er Merib berichten, was ihm widerfahren war. So erfuhren wir vom Zorn Thots. Wir kehrten nach Koptos zurück, wo wir unseren Sohn zu Grabe trugen.

Auf dem Rückweg wurde ich an derselben Stelle, wo mein Sohn vom Schiff gefallen war, von einer unsichtbaren Kraft ins Wasser gezogen und ertrank ebenfalls. Naneferkaptah entriss mich den Fluten und brachte auch mich nach Koptos zurück, um mich neben unserem Sohn zu begraben. Ehe er wieder an Bord des Schiffes ging, stellte er aus königlichem Leinen eine Zauberhülle her, in die er das Buch steckte und es fest an seine Brust band. Als das Schiff die gefahrvolle Stelle erreichte, merkte Naneferkaptah, wie auch er ins Wasser gezogen wurde, und ertrank. Der Besatzung gelang es nicht, seinen Leichnam wiederzufinden, und so kehrte sie in tiefer Trauer in die Hauptstadt zurück.

Als der Pharao erfuhr, was geschehen war, begab er sich zur Anlegestelle, um das Schiff willkommen zu heißen. Er trug einen Trauermantel, wie auch sein ganzes Gefolge in Trauer gehüllt war. Als aber das Schiff anlegte, kam plötzlich der Leichnam von Naneferkaptah wieder zum Vorschein. Man zog ihn aus dem Wasser und entdeckte das an seine Brust gebundene Buch. Da befahl der Pharao, ihn zusammen mit dem Buch zu bestatten."

Als Satni diese Erzählung gehört hatte, forderte er Ahure auf, ihm das Buch trotzdem auszuhändigen. Da richtete sich Naneferkaptah, der bis dahin geschwiegen hatte, auf und sprach: „Satni, du glaubst, dass du fähig bist, mir das Buch wegzunehmen? Willst du mit mir darum spielen?"

Satni war einverstanden, und sie begannen zu spielen. Nach drei Runden gewann Satni, und Naneferkaptah musste ihm das Buch geben. Sogleich verließ er das Grab und schloss es hinter sich.

Zurück im Palast, erzählte Satni seine Geschichte dem Pharao, der ihm riet: „Du solltest handeln wie ein kluger Mann und Naneferkaptah das Buch zurückgeben, das ihm so viel Unglück gebracht hat."

Doch davon wollte Satni nichts wissen. Er dachte nur noch daran, das Buch am nächsten Tag aufzuschlagen und die Zauberworte darin zu lesen.

Aber in der Nacht hatte Satni einen merkwürdigen Traum.

Er sah sich selbst auf dem Vorplatz des Ptahtempels, wo eine wunderschöne Frau auf ihn zukam. Sofort verliebte er sich in sie und wollte sie zu seiner Geliebten machen. Er folgte der

Frau bis zu ihrem Haus und erreichte, dass sie ihn einließ. Als er ihr seine Liebe erklärte, erwiderte die Frau, dass sie ihm nur unter einer Bedingung gehören könne: Er müsse seine Gemahlin verlassen und seine Kinder zu ihren Gunsten enterben. Satni kam ihren Wünschen auf der Stelle nach. Dann verlangte die Frau, er müsse in ihrer Gegenwart seine Kinder töten. Wie von Sinnen vor Begierde, ließ Satni seine Kinder kommen und tötete sie eigenhändig. Da schrie die Frau auf ... und Satni erwachte.

In seiner Verwirrung suchte Satni den Pharao auf und schilderte ihm seinen Traum. Der Pharao sprach zu ihm: „Die Frau in deinem Traum ist der Geist von Ahure, der dir klar machen will, dass du einen Fehler begangen hast, als du das Buch an dich nahmst. In dir ist nichts als Begierde, es fehlt die Vernunft. So wie es ein Fehler war, das Buch zu stehlen, war es in deinem Traum ein noch größerer Fehler, deine Kinder zu töten. Nun geh, und bring Naneferkaptah das Buch zurück."

Da nahm Satni das Buch des Thot und stieg ein zweites Mal in das Grab von Naneferkaptah hinab.

„Ich habe falsch gehandelt", sagte er, „als ich dieses Buch, für das du einen so hohen Preis zahltest, an mich nahm. Was kann ich nun für dich tun?"

Naneferkaptah erwiderte: „Satni, du weißt, dass die Leichname meiner Frau Ahure und meines Sohnes Merib in Koptos liegen. Was du hier siehst, sind nur ihre Schatten. Gehe nach Koptos und bringe sie zu mir in meine ewige Ruhestätte."

Kaum hatte Satni das Grab verlassen, ging er zum Pharao und berichtete, was Naneferkaptah ihm gesagt hatte. Da stellte ihm der Pharao eins seiner Schiffe mit Besatzung zur Verfügung. Satni reiste nach Koptos und machte sich auf die Suche nach Ahures und ihres Sohnes Grab. Es vergingen drei Tage und Nächte, bis er es fand. Satni ließ es öffnen, dann nahm er die Leichname und brachte sie nach Memphis zurück. Dort bettete man sie an Naneferkaptahs Seite zur letzten Ruhe.

So endet die Geschichte von Satni und Naneferkaptah, zwei Männern, die überaus gelehrt waren, sich aber gegen die Götter versündigten, als sie sich jenes Wissen aneignen wollten, das allein den Göttern zusteht. Denn so klug der Mensch auch sein mag, er bleibt doch immer ein von den Göttern erschaffenes Wesen.

DIE SCHRIFT dient im alten Ägypten zunächst dazu, die Worte und die Geschichte der Götter niederzuschreiben, später auch die des Pharaos. Nach und nach nutzt man die Schrift auch, um über sämtliche Tätigkeiten der Bewohner des Nildeltas zu berichten.

Schreibtafel eines Schülers, Papyrus und Pinsel.

Das Beschreibmaterial
Der Schreiber benutzt alle möglichen Materialien: in erster Linie Papyrus, aber auch Holztafeln, Tonscherben oder Kalksteinsplitter.

Der Gott Thot: Schutzgott der Schreiber

Die Hieroglyphen
Die ägyptischen Schriftzeichen stellen Bilder, Begriffe oder Laute dar. Aus den Hieroglyphen entwickeln sich andere Schriften mit vereinfachten Zeichen: die hieratische und die demotische Schrift.

Ein Schreiber in einem Kornlager

„SATNI VERBRACHTE SEINE TAGE DAMIT, DIE TEXTE ZU LESEN, DIE IN GRABWÄNDE, TEMPELMAUERN UND STELEN EIN- GRAVIERT WAREN."

Ein berühmter Schreiber

Imhotep, Erbauer der ersten Pyramide in Sakkara, beginnt seine Laufbahn als Schreiber, ehe er Architekt und Günstling des Pharaos Djoser wird. Noch Jahrhunderte nach seinem Tod verehrt man ihn.

Die Arbeit der Schreiber

In Ägypten wird alles schriftlich festgehalten. Der Schreiber ist Angestellter eines großen Landguts, eines Tempels oder Beamter des Königs.

Die Schreiber

Schreiber sind sehr angesehen. Nach einer langen, schwierigen Aus- bildung tritt der Schreiber in die Verwaltung ein und kann eine wichtige Persönlichkeit werden.

Schreiber

Die Schlacht bei Kadesch

Im zweiten Monat der Jahreszeit Schemu des neunten Jahres der Herrschaft von Ramses II., König von Ober- und Unterägypten, vollende ich, Pentawer, Schreiber im königlichen Palast, meinen Bericht über den großartigen Sieg, den der Pharao vor fünf Jahren unweit der Stadt Kadesch über den König von **Hatti** davontrug. Da ich selbst bei dieser Schlacht nicht zugegen war, musste ich meine Kollegen, den Leiter des königlichen Archivs Amemeninet und den Schreiber des königlichen Schatzamtes Amenemuia zu Rate ziehen. Da ich im Auftrag Seiner Majestät tätig war, halfen sie mir, indem sie mir alles erzählten, was sich damals ereignet hat. Hört nun meinen Bericht:

Im fünften Jahr seiner Herrschaft beschließt Seine Majestät, König Ramses II., als man ihn über die hinterhältigen Pläne des aufständischen **Hethiterkönigs** Muwattali informiert, seine Armee bis nach Kadesch zu führen, um gegen ihn zu kämpfen. Von seinem Palast in Memphis aus befiehlt er, seine Truppen in Pi-Ramses, seinem neu erbauten Herrschersitz, zu sammeln. Dort

Hatti: Name des Hethiterreiches.
Hethiter: Volk in Kleinasien, das zeitweise ein Weltreich beherrschte.

plant er, unterstützt von einigen seiner Söhne und den Mächtigen des Reiches, seinen Feldzug.

In der Zwischenzeit wird in den Waffenschmieden eifrig gearbeitet. In den Gießereien werden tausende von Pfeil- und Lanzenspitzen, Äxten und Schwertern hergestellt. Die schnellen Streitwagen werden angesichts der langen Reise, die ihnen bevorsteht, überprüft und verstärkt. Die schweren Holzschilde werden mit Leder gefüttert, die Bögen erhalten neue Sehnen.

Am neunten Tag des zweiten Monats der Jahreszeit Schemu legt Ramses II. schließlich das lederne, mit vergoldeten Bronzeplatten bedeckte Bruststück an, setzt sich die mit Lapislazuli reich geschmückte Krone aufs Haupt und steigt auf seinen güldenen Streitwagen, vor den man zwei seiner besten Pferde gespannt hat, um seine versammelten Armeen zu begutachten. Er ist umringt von seiner Leibgarde, die aus ägyptischen Soldaten und jenen wilden Fremden besteht, die als Kriegsgefangene lieber dem König dienen, als in Knechtschaft zu leben. Man erkennt sie mühelos an ihren runden Schilden und den mit Hörnern geschmückten Bronzehelmen.

Die vier Armeen ziehen am König vorbei, an der Spitze die Armee des **Amon**. Vor der **Infanterie** fahren die Streitwagen. Jeder Wagen wird von zwei kräftigen Pferden gezogen und von zwei mit Lanzen und Bögen bewaffneten Männern gelenkt, die stolz darauf sind, als die besten Krieger an der Seite des Königs zu kämpfen. Fußsoldaten, deren Aufgabe es ist, die von den Wagen zu Boden geworfenen Feinde niederzumetzeln, begleiten sie. Dann folgen die trommelnden und Hörner blasenden Musiker

Amon:
wichtigster Gott
der Stadt Theben.
Infanterie:
die zu Fuß
kämpfenden
Soldaten.

und schließlich die Infanterie. Es sind viertausend Mann, aufgeteilt in Gruppen von jeweils zweihundert, von Offizieren angeführt, und dann nochmals untergliedert in Einheiten von fünfzig Soldaten. Sie sind mit großen Bögen, Lanzen, scharfen Äxten und Schwertern bewaffnet. Den Schluss jeder Armee bilden die schweren, von kräftigen Ochsen gezogenen Wagen mit den Dienern, Ärzten und Handwerkern.

Als die letzte Armee jubelnd am König vorbeimarschiert ist, setzt sich der Pharao mit seinem Streitwagen an die Spitze der langen Kolonne und führt sie in Richtung Norden. Sie durchqueren all die fremden Länder, die dem Pharao seit Generationen **Tribut** zahlen. Sobald sie das Heer auf seinem Marsch längs der Küsten des Großen Grünen entdecken, eilen unzählige Prinzen und Stammesführer herbei, um Seiner Majestät, dem mächtigen, gefürchteten Pharao, ihre Unterstützung zuzusichern.

Tribut: Geld oder Waren, die der Besiegte dem Sieger schuldet.
Orontes: Fluss, der im heutigen Libanon entspringt und ins Mittelmeer mündet.

Einen Monat nach dem Abmarsch aus Pi-Ramses schlägt der Pharao auf den Hügeln oberhalb des **Orontes** sein Lager auf. Die Kundschafter, die den Wald durchstreifen, kehren mit zwei Beduinen zurück, die sie gefangen genommen haben. Die beiden werfen sich dem Pharao zu Füßen und behaupten, ihre Brüder, die Anführer von Nomadenvölkern, hätten sie geschickt. Sie wollten dem großen König von Ägypten ihre Hilfe anbieten. Als Seine Majestät sie fragt, wo sich diese Führer befänden, antworten die beiden Männer: „Sie sind an der Seite des erbärmlichen Hethiters, der gegenwärtig nahe der Stadt Aleppo im

Norden weilt, denn aus Furcht vor dem Pharao meidet er den Süden."

Hoch erfreut über diese Neuigkeit, befiehlt der Pharao, schneller zu maschieren, um so bald wie möglich nach Kadesch zu gelangen. Mit seinen Dienern und seiner Leibgarde durchquert er den Orontes an einer **Furt**, dicht gefolgt von Amons Armee, während die Armeen des Re, des Ptah und des Seth mit einigem Abstand nachkommen.

Furt: Stelle im Fluss, wo das Wasser so flach ist, dass man zu Fuß hinüberkommt.

Als er das Flachland von Kadesch durchwandert, lässt der König im Nordwesten der aufständischen Stadt, die vom Land abgeschnitten auf einer Art Insel zwischen dem Orontes und einem seiner Nebenflüsse liegt, sein Lager aufschlagen. Das königliche Zelt mit dem Thron wird errichtet, damit Seine Majestät sich von dem Marsch ausruhen kann. Währenddessen befestigen die Soldaten von Amons Armee das Lager, indem sie Gräben darum ziehen, vor denen sie ihre großen Holzschilder in den Boden rammen.

Der König hält sich in Begleitung seiner Söhne, Offiziere und Diener in seinem Zelt auf, als ihm Kundschafter zwei hethitische Spione bringen. Die Gefangenen gestehen dem Pharao: „Der König von Hatti hat uns mit dem Auftrag entsandt, herauszufinden, wo sich der ägyptische Herrscher befindet."

Da fragt der Pharao sie: „Wo ist er jetzt, dieser elende Hethiter, von dem mir berichtet wurde, er sei in Aleppo?"

Und sie erwidern: „Er ist bereits hier eingetroffen, von seinen eigenen Soldaten und denen seiner Verbündeten beglei-

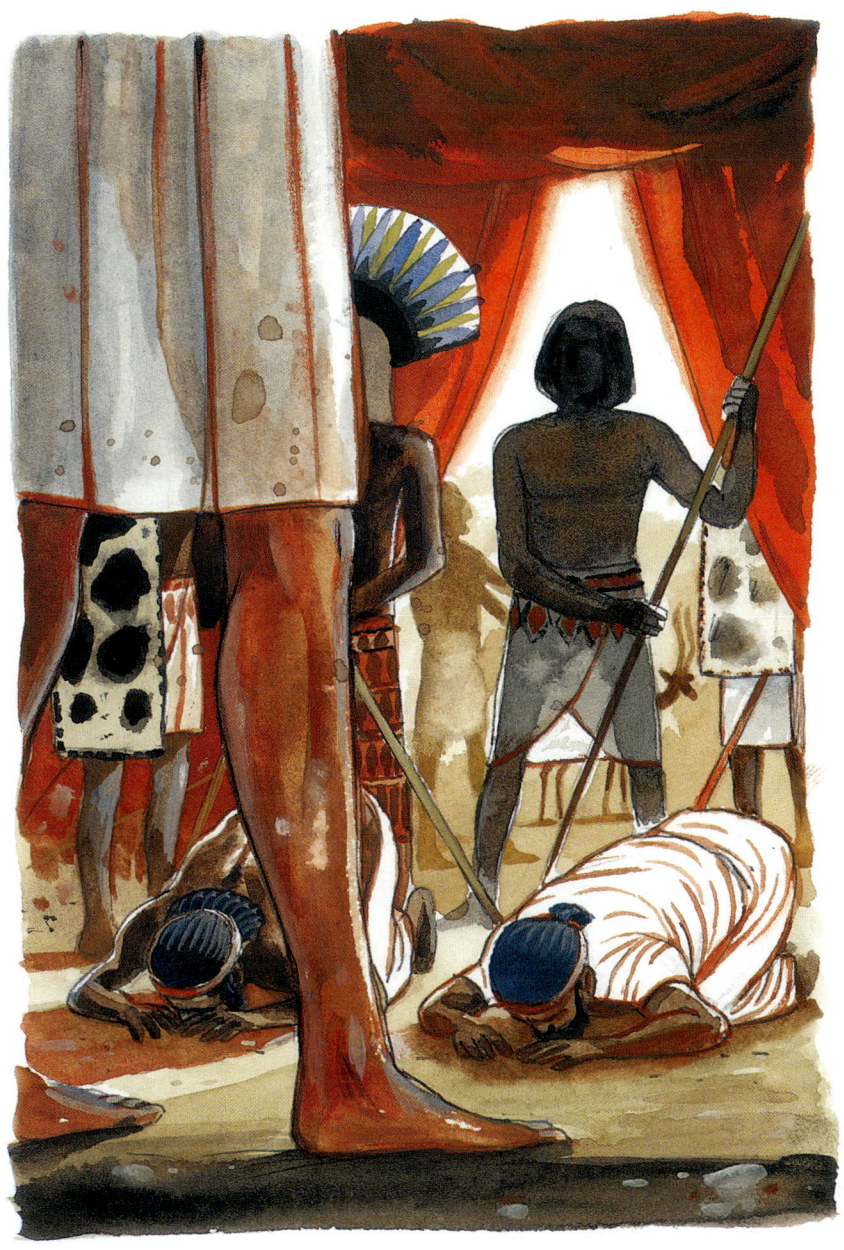

tet. Sie lagern hinter Kadesch und sind zahlreicher als die Sandkörner am Meeresstrand."

Der Pharao ist verblüfft, als er erfährt, dass der Feind so nahe ist, und wütend auf seine Offiziere, die nicht im Stande waren, den Gegner früher ausfindig zu machen, und sich darüber hinaus von den zwei Nomaden, die gewiss der Hethiterkönig entsandt hatte, überlisten ließen. Er tadelt sein Gefolge heftig und befiehlt seinem Wesir: „Lauf schnell zu den Armeen des Ptah und des Seth, die noch in weiter Ferne sind. Sag ihnen, sie mögen sich eilen!"

Dann lässt er sich von seinen Dienern die Waffen bringen, während seine Offiziere eilends die im Lager zerstreuten Soldaten wieder versammeln.

Zu spät. Der Hethiterkönig hat schon zum Angriff gegen die zweite ägyptische Armee, die Armee des Re, geblasen, die soeben das Flachland von Kadesch durchquert. Seine zweitausendfünfhundert Streitwagen überrollen die ägyptischen Soldaten, die dieser Angriff des Feindes, den sie in weiter Ferne glaubten, völlig überrascht. Die Reste der Armee zerstreuen sich in alle Himmelsrichtungen, ohne den Hethitern, die schon auf das Lager des Pharao zustürmen, den geringsten Widerstand zu leisten. Als die feindlichen Streitwagen die ersten Soldaten vor die Tore des Lagers treiben, haben sich die Krieger der Armee des Amon noch nicht in Schlachtordnung aufgestellt. Anstatt zum Gegenschlag auszuholen, fliehen auch sie in alle Richtungen, taub gegen die Befehle ihrer Offiziere. Schon dringt eine Horde gegnerischer Streitwagen ins Lager ein.

Seine Majestät bleibt indessen nicht untätig, sondern spricht zu seiner Leibgarde: „Ruhig Blut, und sorgt euch nicht! Ich werde den Feinden entgegentreten wie ein Falke, der auf seine Beute herabschießt. Ich werde sie töten, sie niedermetzeln und besiegen."

Und Ramses erklimmt den Streitwagen und stürzt sich, von seinen treuen Pferden gezogen, auf die Feindesschar. Mehr als zweitausend Streitwagen sind gegen ihn. Und während er losschlägt, vom Zorn des Seth und der Wut der Sachmet getrieben, ruft er Amon an: „Ich habe keinen meiner Offiziere, keinen meiner Wagenlenker, keinen meiner Soldaten, ich bin allein! Worauf wartest du, Amon, du mein Vater? Kann ein Vater seinen Sohn vergessen? Habe ich mich jemals deinem Befehl widersetzt? Was bedeuten dir diese Asiaten? Es sind nichtswürdige Wesen, die keinen Gott kennen. Ließ ich nicht zahllose große Denkmäler für dich errichten und tausende von Gefangenen in deine Tempel bringen? Oh mein Vater Amon, ich rufe dich an. Ich bin von unzähligen Feinden umringt. Meine Infanterie hat mich im Stich gelassen, meine Streitwagen sind auf der Flucht. Ich schreie ihnen nach, aber keiner hört auf mich. Doch ich weiß, dass Amons Beistand mehr wert ist als Millionen von Soldaten, mehr wert als tausende von Streitwagen!"

Da reicht Amon dem Pharao mit einem Donnergrollen die Hand und spricht: „Ich bin bei dir, Ramses-den-Amon-liebt! Ich bin dein Vater, meine Hand liegt in deiner Hand! Ich bin es, der über Niederlage und Sieg entscheidet, und ich liebe die Tapferkeit."

Auf einmal erfüllt der Anblick des Pharaos die Herzen der Feinde mit Grauen. Seine wiederholten Attacken lassen die Gegner erzittern. Derweil kommen die Soldaten der königlichen Leibgarde allmählich wieder zu sich. Die wilden Fremden schließen sich um ihren Führer zusammen und stürzen sich in die Schlacht. Auch die ägyptischen Streitwagen, durch den feindlichen Ansturm zerstreut, nehmen eilends den Kampf wieder auf. Aber die Gegner sind zahlreich und die Armeen des Ptah und des Seth noch in weiter Ferne. Trotz ihres Mutes und des Zorns ihres Pharaos gehen die Ägypter in den sicheren Tod.

Doch da trifft unverhofft Verstärkung ein. Eine weitere ägyptische Armee, die im Auftrag des Pharaos den Weg längs der phönikischen Küste nahm, erreicht endlich das Flachland von Kadesch. Geordnet eilen die Soldaten voran, und die Streitwagen fallen über den Feind her, der in wilder Hast den Rückzug in Richtung Orontes antritt.

Alles ist in Auflösung begriffen. Durch die zornige Kampfeslust ihres Königs angespornt, setzen die Ägypter den feindlichen Soldaten nach, die sich Hals über Kopf in den Orontes stürzen, um der Rache des Pharaos zu entgehen. Viele ertrinken unter dem Gewicht ihrer Waffen.

Der Prinz von Aleppo, der die mit den Hethitern verbündeten Armeen zum Angriff führte, entkommt den Feinden mit knapper Not: Die Diener, die ihn aus dem Fluss gezogen haben, müssen ihn an den Füßen packen und auf den Kopf stellen, damit er das viele Wasser, das er verschluckt hat, wieder ausspucken kann.

Schließlich geht die Schlacht zu Ende. Der Boden im Lager und ringsherum ist mit Leichen übersät. Als die Offiziere ihre Soldaten gesammelt haben, wenden sie sich zu Ramses II. um. Der Pharao steht auf seinem Streitwagen. Die Sonne wirft leuchtende Strahlen auf den vergoldeten Brustpanzer. Die Soldaten jubeln ihrem König zu. Doch Seine Majestät, noch

immer vom Zorn der Sachmet erfüllt, ist zutiefst erbost und weist sie mit folgenden Worten zurecht: „Was ist nur in euch gefahren, meine Offiziere, meine Infanteristen, meine Wagenlenker, dass ihr euch dem Kampf verweigert habt? Tat ich nicht jedem von euch Gutes, während ihr mich nun, allein und von Feinden umringt, im Stich ließet? Was wird man sagen, wenn bekannt wird, dass ihr mich beim Angriff des Gegners meinem Schicksal überließet? Meine treuen Pferde sind die Einzigen, die mir hilfreich zur Seite standen, als ich gegen die zahllosen Feinde kämpfte. Zum Dank werde ich ihnen von nun an selbst ihr tägliches Futter bringen, wenn ich in meinem Palast weile."

Nach diesen Worten befiehlt der Pharao den Soldaten, im Lager und auf dem Schlachtfeld für Ordnung zu sorgen.

Die Ärzte schlagen Zelte auf, um die Verletzten zu behandeln. Die gefangenen Feinde werden an den Händen gefesselt und dem Pharao vorgeführt. Die Soldaten begraben ihre Toten, wie es der Brauch verlangt. Den toten Feinden schlägt man die rechte Hand ab und bringt sie den Schreibern, damit sie die Zahl der getöteten Hethiter festhalten können.

Unterdessen erreichen auch die Armeen des Ptah und des Seth endlich das Schlachtfeld. Es wird Nacht.

Das Heer des Pharaos ist vollzählig. Trotz des hethitischen Angriffs sind nur geringe Verluste zu verzeichnen. Seine Majestät beschließt, am darauf folgenden Tag ein für alle Mal gegen die feindlichen Truppen zu kämpfen und die **Bastion** Kadesch einzunehmen.

Bastion: Festung.

Im Morgengrauen befiehlt der König seinen Truppen, sich

in Schlachtordnung aufzustellen. Von seiner Leibgarde und seinen Streitwagen umringt, von seinen Lanzenträgern und Bogenschützen gefolgt, startet er einen wütenden Angriff. Sein Brustpanzer schimmert in der Sonne, und an seiner Lapis-lazuli-Krone funkelt die goldene **Uräusschlange**: Er gleicht dem Sonnengott Re, dessen flammende Strahlen jeden Gegner verzehren.

Trotz des Blutbades vom Vortag sind die Hethiter immer noch zahlreich. Zwar können sie mit den wenigen Kampf-wagen, die ihnen geblieben sind, keinen Gegen-angriff führen, doch ihre Infanterie hält weiter stand.

Als der Hethiterkönig die Ausweglosigkeit der Situation erkennt und einsieht, dass er die Ägypter nicht besiegen kann, schickt er rasch einen Boten zum Pharao, der die folgende Nachricht überbringt:

Uräusschlange:
Kobra, die in zorniger Drohgebärde dar-gestellt wird, bereit, ihren Gegner mit Gift zu bespritzen. Sie steht für die Kriegs-götter Re und Montu.

Baal:
Kriegsgott
phönikischen
Ursprungs.

„Du bist der Sohn des Amon, du bist **Baal**, der Schrecken von ganz Hatti. Sei nicht grausam zu uns. Dein
Ruhm ist groß. Gestern kamst du und hast tausende
meiner Soldaten getötet. Heute kamst du zurück und
hast meinem Land erneut seine Erben geraubt. Sei gnädig, oh
siegreicher König. Frieden bringt größeren Nutzen als Krieg."

Da beschließt Ramses II., diesem Frieden, um den ihn der
Hethiterkönig so flehentlich gebeten hat, zuzustimmen, und
beide Herrscher führen ihre Truppen zu ihren Ausgangs-
stellungen zurück. Die Stadt Kadesch wird ihrem König überlassen.

Nachdem der Friede wieder hergestellt ist, schickt sich der Pharao an, nach Ägypten zurückzukehren. Er versammelt sein Heer und macht sich auf den Weg nach Süden. Ihm folgen tausende von Gefangenen und zahllose Fuhrwerke, die sich unter der Last der Trophäen und Tribute biegen, welche die unterworfenen Länder dem König auf seinem Durchmarsch entrichten.

Am Ende des ersten Monats der Jahreszeit Achet des Jahres 6 treffen der Pharao und die siegreiche Armee endlich in Pi-Ramses ein.

Unverzüglich befiehlt der König, den Göttern zu huldigen, insbesondere seinem Vater Amon, der ihm in der Schlacht beigestanden hat. Er bringt ihm Barren von Gold und Silber dar sowie tausende von Gefangenen und Viehköpfen. Dann kehrt er in seinen Palast zurück, um sich am Fenster dem Volk zu zeigen, das seinem Herrscher zujubelt und dankt.

DIE ÄGYPTISCHE ARMEE dient zunächst dem Zusammenschluss Ägyptens, später wird sie zur Verteidigung der Grenzen und schließlich zur Eroberung des Südens (Nubien) und Ostens (Palästina) notwendig. Lange besteht sie nur aus Infanteristen, Lanzenträgern und Bogenschützen, gegen 1500 v. Chr. kommen Streitwagen hinzu, die denen der asiatischen Feinde nachgebaut werden.

Ring mit Pferden

Soldaten ziehen in den Krieg

Die Pferde

Die Ägypter setzen Pferde fast nur zum Ziehen ihrer Streitwagen ein. Die Fahrer dieser Wagen bilden die Elite der Armee.

Die Kriegsgefangenen

Oft sind es mehrere tausend Gefangene, die der Pharao nach einem Feldzug mit nach Ägypten bringt, um sie Freunden, Angehörigen oder den Tempeln zu überlassen. Die Kriegsgefangenen können auch als Soldaten rekrutiert oder als Landarbeiter in Grenzregionen eingesetzt werden.

Das Leben der Soldaten

Die Lebensbedingungen der Soldaten sind hart: Anstrengende Märsche, Mangel an Vorräten und medizinischer Versorgung und vor allem die ständige Angst, im Ausland zu sterben und keine angemessene Bestattung zu erhalten, prägen den Alltag.

Soldateneinheit

„UND RAMSES ERKLIMMT DEN STREITWAGEN UND STÜRZT SICH, VON SEINEN TREUEN PFERDEN GEZOGEN, AUF DIE FEINDESSCHAR."

Dolche

Tutanchamun greift die Nubier an

Asiatischer Gefangener

Die Waffen
Die Soldaten besitzen Lanzen, Holzschilde (manchmal mit Leder bespannt), Bögen, Äxte, Dolche und Schwerter.

Die Armee
Sie besteht hauptsächlich aus Ägyptern, doch man rekrutiert auch Söldner aus Nubien oder Libyen.

Der Pharao als Heerführer
Krieg führen zählt zu den traditionellen Tätigkeiten des Pharaos, der nicht nur die Feinde seines Landes, sondern – durch sein religiöses Tun – auch die Kräfte des Bösen zurückdrängt.

Die Reise ins Jenseits

Im Jahre 39 der Herrschaft von Ramses II., König von Ober-
und Unterägypten, habe ich, Qenherchepeschef, Schreiber der
Grabstätte von **Merenptah**, dem Sohn Res, alle Handlungen
vollzogen, die meinem Vater Ramose die Reise in das Toten-
reich, den schönen Westen, ermöglichen.

Nach seinem Tod und nachdem ich in seinem Hause, im Kreise all meiner Angehörigen und der Klageweiber, die ich seinet-
wegen kommen ließ, um ihn getrauert hatte, brachte ich seine
sterbliche Hülle zum Platz der Reinigung, wo sie für
die Ewigkeit hergerichtet wurde.

Merenptah:
Sohn von Ramses II.
(1213-1204 v. Chr.).
Anubis: Schutzgott
der Einbalsamierer
und Todesgott.
Obsidian:
vulkanisches, glas-
artiges Gestein.

    Dort säuberten die Einbalsamierer unter Leitung
des Priesters-der-die-Geheimnisse-kennt, der während der ganzen Zeit eine schwarze, den Gott **Anubis**
verkörpernde Hundemaske trug, zunächst den Körper des Toten. Mithilfe eines Hakens, der durch die
Nasenlöcher eingeführt wurde, entfernten sie das Gehirn, öff-
neten sodann die linke Flanke mit einer Klinge aus **Obsidian**
und zogen alle Eingeweide heraus bis auf das Herz, den Sitz
von Seele und Geist. Alsdann wurde der Leichnam auf einen

Steintisch gelegt, wo man ihn mit aus der Salzoase gewonne-
nem Natron bedeckte und vierzig Tage austrocknen ließ. Derweil wurden die Eingeweide gewaschen, mit Harz bestrichen
und in Leinen gehüllt, ehe man sie in vier Gefäße gab, die
fortan von den vier Söhnen des Horus beschützt werden:
Amset mit seinem Menschenkopf wird für Zeit und Ewigkeit über die Leber wachen, der pavianköpfige Hapi über die
Lunge, der schakalköpfige Duamutef über den Magen und der
falkenköpfige Qebechsenuef über die Gedärme.

Als dies alles getan war, brachte man den Leichnam ins
Haus der Schönheit, um ihn zu schmücken. Er wurde mit

Amulett:
Gegenstand,
der vor Gefahren
schützen soll.

Tüchern gefüllt, die man in Harz und Gewürzen
gewälzt hatte, und mit schmalen Leinenbinden um-
wickelt, zwischen die man zahlreiche **Amulette**

schob. Ein herzförmiges Amulett, das mit einem Zauberspruch versehen war, legte man genau auf sein Herz. Auf seinem Hals befindet sich eine kleine Papyrusrolle aus grünem Amazonit, der Farbe der Wiedergeburt. Ein **Tit** aus rotem Jaspis und ein **Djed** aus Lapislazuli haften an seiner Brust. Dank einer Kopfstütze unter seinem Hals wird es ihm in der Stunde der Auferstehung möglich sein, den Kopf zu heben. Zum Schluss stülpte man ihm in Erinnerung an die Blüte seiner Jugend eine goldene Maske über den Kopf.

Tit: ein mit Isis verbundenes Amulett.
Djed: Amulett, das das Rückgrat von Osiris darstellt und Dauer und Stabilität symbolisiert.

Am Tage der Beisetzung verließen wir den Platz der Balsamierung und begaben uns zur ewigen Ruhestätte meines Vaters. Es war ein langer Zug. Vor dem Wagen mit dem Sarg, der von

Ochsen und von Männern gezogen wurde, die meinem Vater nahe standen, schritten die Klageweiber. An der Spitze des Zugs sprach ein Priester Zauberformeln, während ein anderer Weihrauch verbrannte. Es folgten Diener, welche die Möbel trugen, die meinen Vater in seine Grabstätte begleiten sollten.

Als wir vor der Grabkapelle eintrafen, die sich über der Gruft erhebt, streifte ich ein Panterfell über, um vor der Mumie, die ein Priester mit der Maske des Anubis festhielt, die letzten Riten durchzuführen. Ich rieb ihr Gesicht mit wohlriechenden Salben ein, dann nahm ich eine **Dechsel**, um die rituelle Mundöffnung vorzunehmen, die meinen Vater in die Lage versetzen wird, den Atem des Lebens neu zu schöpfen. Als alle Riten vollzogen waren, wurde mein Vater in eine Truhe gebettet, deren Form eine Nachbildung seines mumifizierten Körpers war. Zu ihm legte man das auf Papyrus niedergeschriebene Buch vom „Herauskommen am Tage", mit dessen Hilfe er mühelos vor Osiris wird erscheinen können.

Sodann wurde alles in die Grabkammer hinabgebracht. Den Sarg stellte man auf ein hölzernes Bett. Daneben standen eine in Leinen gehüllte Statue des Toten, die Truhe mit den **Kanopen** und das Kästchen mit den **Uschebti**. Alle Besitztümer meines Vaters wurden mehr schlecht als recht übereinander gestapelt, denn es waren sehr viele.

Es gab Truhen, in denen seine Kleider lagen, und eine, die seine Waschutensilien enthielt: sein bronzenes Rasiermesser, eine Schere, einen Spiegel, Parfüm- und Salbentiegel aus Glas und Alabaster. Es gab

Dechsel:
beilähnliches Werkzeug zur Holzbearbeitung.
Kanopen: Behälter für die Eingeweide.
Uschebti:
magische Figürchen, die den Verstorbenen darstellen und im Jenseits für ihn arbeiten sollen.

auch einen Sessel, einen Stuhl und einen Holzschemel, Schilf-matten und Tische aus Palmenholz. Zu guter Letzt brachten wir Körbe voller Lebensmittel sowie Krüge mit Wein und Bier hinab, auf dass er sich bis in alle Ewigkeit satt essen und sei-nen Durst löschen könne.

Als dies alles beendet war, wurde der Eingang zu dem Grab-gewölbe mit Steinen zugemauert, und auch den Gang, der dorthin führte, schüttete man zu. Fortan sollte die ewige Ruhestätte meines Vaters unzugänglich und nur die Kapelle sichtbar sein, über der sich eine kleine Pyramide aus Ziegel-steinen erhebt.

Mein Vater Ramose selbst hat uns berichtet, was bei seinem Totengericht geschah:

Ich bin **Osiris**-Ramose. Als ich starb, entflog **Ba** mei-ner leblosen körperlichen Hülle. Bei der Verkündi-gung meines Todes fand sich niemand, der Schlech-tes über mich gesagt hätte. So konnten alle Riten vollzogen und mein Leichnam dem Brauch gemäß bestattet werden.

Hier stehe ich nun an der Pforte zum Reich des Osiris, und ich kenne die Worte, mit deren Hilfe ich es in der Barke des Re durchqueren kann, um in den Saal der zwei Wahrheiten zu gelangen, wo das göttliche Gericht tagt. In der Barke fahre ich über den Himmel, begleitet vom großen Gott und sei-nem ganzen Gefolge, ich durchquere **Rosetau**, bis

Osiris: Der Ver-storbene wird mit Osiris, dem Gott der Toten, gleichgesetzt.
Ba: Geist in Ge-stalt eines Vogels mit Menschenkopf, in dem der Ver-storbene zwischen der Welt der Toten und der Lebenden hin und her reisen kann.
Rosetau: Teil der Nekropole von Memphis, hier allgemein gesprochen der Wohnsitz der Toten.

ich schließlich die Türe erreiche, die in den Saal der zwei Wahrheiten führt.

Da höre ich, wie sich im Inneren des Saals die Stimme des Anubis erhebt: „Draußen ertönt die Stimme eines Mannes, der aus Ägypten kam. Er kennt unsere Wege und Städte, worüber ich sehr erfreut bin. Aber wer ist er?"

„Ich bin Osiris-Ramose", erwidere ich. „Ich bin gekommen, um die großen Götter zu sehen und meinen **berechtigten Platz** vor euch einzunehmen."

berechtigter Platz:
ein Hinweis darauf, dass der Tote die Prüfungen bestanden hat, die den Eintritt in die Welt der Toten ermöglichen.

„So möge vor unser aller Augen dein Herz gewogen werden", antwortet er.

Dann fragt er mich: „Kennst du den Namen der Tür, die zum Saal der zwei Wahrheiten führt?"

„Der Name dieser Tür lautet ‚Du drängst Schu zurück'."

Da gewährt mir Anubis Einlass und führt mich zum Gericht des Osiris. Der Herrscher über den Westen sitzt auf seinem Thron, an seiner Seite die zweiundvierzig göttlichen Richter. In der Mitte des Raumes befindet sich eine Waage, in deren Nähe Maat, die Göttin der Gerechtigkeit, steht, und neben ihr der göttliche Schreiber Thot mit seinem Ibiskopf. Auf der einen Waagschale liegt mein Herz, auf der anderen die Straußenfeder, das Symbol von Maat. Sollte mein Herz schwerer sein als die Feder, so wird man mich Anmut, der Fresserin, vorwerfen, jenem Monster, das Krokodil, Nilpferd und Löwe zugleich ist und das Reich von allen Toten befreit, die gesündigt haben. Doch davor ist mir nicht bange, denn ich kenne den Spruch, der mein Herz davon abhalten wird, gegen mich

zu sprechen: „Oh mein Herz, oh Herz meiner Mutter, stell dich nicht gegen mich im Beisein des Osiris, sage nicht aus gegen mich am Tag des Richterspruchs."

Dann wende ich mich mit folgenden Worten zum großen Gott um: „Sei gegrüßt, großer Gott. Ich kenne dich, ich kenne deinen Namen und auch die der zweiundvierzig Richter, die dir hier im Saal der zwei Wahrheiten zur Seite stehen.

Ich habe nichts Böses getan.

Ich habe mich nicht gegen Gott versündigt.

Ich habe einen Armen nicht arm gemacht.

Ich habe niemanden verhungern lassen.

Ich habe niemanden unglücklich gemacht.

Ich habe weder getötet, noch den Befehl
zum Töten gegeben.

Ich habe keine Nahrungsmittel gestohlen,
   die als Opfergaben in den Tempeln lagen.
Ich habe weder beim Wiegen noch beim Messen betrogen.
Ich habe dem Säugling nicht die Milch
   aus dem Mund genommen.
Ich habe die Bewässerung des Ackerbodens
   nicht verhindert.
Ich bin rein, dreimal rein."

Der große Gott wendet sich zur Waage um und befiehlt, man möge vor aller Augen und unter der Aufsicht von Maat mein Herz wiegen. Die Waagschale, auf der es ruht, erzittert nicht, mein Herz ist nicht schwerer als die Feder der Wahrheit und der Gerechtigkeit. Da erteilt der Herrscher über die Ewigkeit Thot den Befehl, meinen Namen in das große Verzeichnis der Gerechten einzutragen. Man wird mich der Fresserin nicht vorwerfen, mich nicht in völlige Dunkelheit tauchen.

Ich bin Osiris-Ramose. Man hat mich in den Kreis der auserwählten Geister aufgenommen. Tagaus, tagein trete ich nun ans Licht und ziehe in der Barke des Sonnengottes Re über den Himmel. Ich bin eingetreten in die Unterwelt, in das Reich des Herrschers über die Ewigkeit. Mögen die Lebenden Sorge tragen für die Opfergaben in meiner Grabkapelle und stets aufs Neue die rituellen Worte sprechen, die mir zum Wohl gereichen!

DER TOD stellt den Übergang in ein neues Leben dar. Der Pharao geht zu den Göttern, während die übrigen Menschen in die Welt des Osiris gelangen, die der Welt der Lebenden gleicht. Deshalb muss man den Körper schützen, ihn mumifizieren und ihm mitgeben, was er zum Überleben braucht.

Die Entdeckung eines Grabes
1922 macht Howard Carter eine der größten archäologischen Entdeckungen: das nahezu unversehrte Grab des Pharaos Tutanchamun.

Die Klageweiber
Vor dem Begräbnis brechen weibliche Verwandte und Nachbarinnen mit einem hochge- streckten Arm in Wehklagen aus – eine Geste, die noch im heutigen Ägypten existiert.

Die Sarkophage
Ursprünglich handelt es sich um große, rechteckige Kisten aus Stein oder Holz. Später erst verwendet man jene mumien- förmigen Behälter, von denen manchmal zwei ineinander geschachtelt wurden.

Totenrituale

Die Rituale

Klagend wachen Isis und Nephthys bei dem Verstorbenen wie einst bei Osiris. Daneben umringen Anubis und Horus den aufrecht stehenden Toten.

Totengericht des Osiris

Das Totengericht des Osiris

Vor Osiris wird das Herz des Verstorbenen gewogen; auf der zweiten Waagschale liegt die Feder der Göttin Maat. Wenn beide Waagschalen im Gleichgewicht sind, darf der Tote an Osiris' Seite weilen. Ist das Herz schwerer als die Feder, wird er der „Fresserin“ vorgeworfen. Thot hält den Urteilsspruch fest.

Mumie von Ramses II.

DIE HERKUNFT
DER ERZÄHLUNGEN

FREMDE QUELLEN

Die hier zusammengetragenen Erzählungen stammen vor allem aus ägyptischen Quellen der pharaonischen Zeit. Nur zwei Autoren sind keine Ägypter: der griechische Geschichtsschreiber Herodot (5. Jh. v. Chr.), von dem wir in *Die Reise ins Jenseits* einige Details übernommen haben, was die Mumifizierung betrifft, und Plutarch, griechischer Schriftsteller des 1. Jahrhunderts, dem wir die Erzählung *Die Suche der Isis* verdanken.

ÄGYPTISCHE QUELLEN

Die übrigen Erzählungen stammen von ägyptischen Autoren, hauptsächlich aus der pharaonischen Zeit. Nur eine Geschichte, *Das Buch des Thot*, wurde zur Zeit der Ptolemäer geschrieben (zwischen dem 4. und dem 1. Jh. v. Chr.). Allerdings wird darin auf weit zurückliegende Ereignisse Bezug genommen. Wahrscheinlich hat der Autor eine Erzählung aufgegriffen, die mündlich oder auch schriftlich über mehrere Jahrhunderte hinweg überliefert worden war.

DIE AUTOREN

Einige Erzählungen sind „unterschrieben". So hat der Schreiber Pentawer die Geschichte der *Schlacht bei Kadesch* fünf Jahre nach den Ereignissen niedergeschrieben. *Die Geschichte des Schiffbrüchigen* ist ein Werk des Schreibers Amenaa, der um 1800–1780 v. Chr. gelebt hat, während *Die zwei Brüder* von Ennena unter König Siptah (ca. 1193–1187 v. Chr.) verfasst wurde.

Unbekannte Autoren
Über die Autoren der meisten Märchen und mythischen Erzählungen wissen wir nichts. Einige Namen sind zwar bekannt, doch wer diese Schreiber waren, entzieht sich unserer Kenntnis. Im Übrigen war es so, dass sich die ägyptischen Schriftsteller selbst eher als gute Handwerker sahen und nicht als „Künstler" im modernen Sinne.

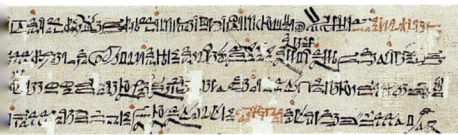

Hieratische Schrift *Demotische Schrift*

Die hieratische Schrift
Sie ist die Kursivform der Hieroglyphenschrift und wird mit Pinseln auf Papyrus, Leder oder Tonscherben geschrieben.

Die demotische Schrift
Sie ist eine vereinfachte Form des Hieratischen und wird auch von rechts nach links geschrieben.

Die Hieroglyphen
Die hieroglyphischen Zeichen werden nicht aneinander gereiht, sondern so angeordnet, dass sie ein Quadrat bilden. Sie können von rechts nach links oder von links nach rechts geschrieben werden. Die im Profil dargestellten Tiere und Personen blicken immer der Leserichtung entgegen.

DER PAPYRUS

Die meisten ägyptischen Erzählungen hat man auf Papyrusrollen gefunden. Papyrus ist ein äußerst empfindliches Material, weshalb uns zahlreiche Erzählungen nur unvollständig vorliegen und sich manchmal nicht rekonstruieren lassen. Andere wiederum sind komplett erhalten geblieben, so etwa *Die Geschichte des Schiffbrüchigen*.

DIE ÄGYPTISCHE SCHRIFT

Die Hieroglyphen existieren seit Ende des 4. Jahrtausends vor unserer Zeitrechnung (um 3200 v. Chr.). Um 2680 v. Chr. taucht eine neue Schrift, das Hieratische, auf, die nach und nach (um 660 v. Chr.) durch eine wieder neue Schriftform, das Demotische, ersetzt wird. Die ägyptischen Erzählungen werden in diesen beiden Schriftformen verfasst, vor allem in hieratischer Schrift, denn die literarischen Texte, die man gefunden hat, stammen vorwiegend aus einer Zeit, als die demotische Schrift noch nicht existiert.

DIE AUSBILDUNG ZUM SCHREIBER

Im alten Ägypten gab es keine Schulen, wie wir sie kennen, in denen alle Kinder lesen und schreiben lernten. Nur wer den Beruf des „Schreibers" erlernte, wurde im Schreiben und Lesen unterrichtet. Diese etwa siebenjährige Berufsausbildung fand meist in so genannten Schreibschulen statt, die in den großen Tempelanlagen untergebracht waren. Schreiber werden durften nur Söhne der Oberschicht. Mädchen und die Kinder der Armen lernten weder Lesen noch Schreiben.

WICHTIGE ÄGYPTISCHE GÖTTER

Re: Sonnengott und höchster Gott, verbunden mit Chepri (aufgehende Sonne) und Atum (untergehende Sonne)

Schu: Luftgott, Sohn des Re

Tefnut: Schwester des Schu, sie steht für das Feuchte

Geb: Erdgott

Nut: Himmelsgöttin, Schwester und Gattin des Geb

Osiris: Totengott und Herr des Jenseitsgerichts

Isis: Gattin und Schwester des Osiris, mächtige Zauberin

Seth: Gott des Kampfes und der Stärke, Onkel des Horus

Horus: Gott in Falkengestalt, Sohn von Osiris und Isis

Amun: Schöpfungs- und Fruchtbarkeitsgott, Reichsgott

Hathor: Liebesgöttin und Göttin der Musik

Sachmet: Löwengöttin, dunkle Seite Hathors

Thot: Gott des Wissens und Schreibens, Mondgott, seine Tiere sind Ibis und Pavian

Anubis: Friedhofs- und Totengott mit Hundekopf

BILDNACHWEIS

o: oben
u: unten
l: links
r: rechts
m: Mitte

5: Skarabäus, glasierter Schiefer, Neues Reich, Louvre © RMN, Paris

12 l: Amon, Bronze, Spätzeit, Sammlung Louvre, Paris © RMN; m: Isis, bemaltes und vergoldetes Holz, ptolemäische Zeit, Sammlung Louvre, Paris © RMN; r: die Göttin Selqet, Detail des Kanopenschreins des Tutanchamun, Sammlung des Ägyptischen Museums, Kairo © Arthephot/ M. Babey; o: allegorische Darstellung der Welt, Papyrus aus dem Grab des Nespakaschuti, Sammlung Louvre, Paris © RMN

13 u: Büste aus Holz, Glaspaste und Kupfer, ptolemäische Zeit,

Sammlung Louvre, Paris © RMN; m: Thot, Flachrelief, Tal der Könige, Theben © The Bridgeman Art Library; r: Stele der Dame Taperet, Rückseite, die Dame vor dem Gott Atum, Spätzeit, Sammlung Louvre, Paris © RMN

24 u, l: ägyptischer Falke © Bios; m: heiliger Ibis © Denis-Huot/Bios; u: Statuette des heiligen Ibis (Thot in Tiergestalt), Holz und Bronze, Spätzeit, Sammlung Louvre, Paris © RMN

25 o, r: das Niltal heute © Hugues Fougère/Bios; r: Nilkrokodil © Denis-Huot/Bios; m, r: Statuette des Krokodilgottes Sobek, Bronze, Spätzeit, Sammlung Louvre, Paris © RMN; u, r: Nilpferd-Statuette aus blauer Fayence, Mittleres Reich, Sammlung Louvre, Paris © RMN

36 o: Räuchergefäß, Papyrusstiel mit bronzenem Falkenkopf, Spätzeit, Sammlung Louvre © Artephot; u: Trägerinnen von Opfergaben aus dem Grab des Nachti,

Holz, Assiut, Mittleres Reich, Sammlung Louvre, Paris © RMN; m: Blick auf den Horus-Tempel von Edfu © Yann Artus Bertrand/Altitude

37 o: Tempel von Ramses II., Tempel von Abydos, Opfergabe, 19. Dynastie, bemaltes Relief © Artephot/Silvio Fiore; u: Statue der Göttin Maat, Bronze, Sammlung Louvre, Paris © RMN.

48 l: Chephren von Giseh, Sammlung des Ägyptischen Museums, Kairo © Scala; o: Kartusche von Sesostris, Sammlung des Ägyptischen Museums, Kairo © Scala; u: zwei Königszepter, 18. Dynastie, stammen aus dem Grab des Tutanchamun, Sammlung des Ägyptischen Museums, Kairo © Giraudon

49 o: Edfu, Horus-Tempel, Krönung von Ptolemäus VII. Euergetes © AKG; r: Giseh, die Sphinx © Mauritus/SDP; u: die Triade von Mykerinos, Sammlung des Ägyptischen Museums, Kairo © Scala

60 o, l: großer Wein-krug mit eingeritzter Markierung, Terra-kotta, Thinitenzeit, Sammlung Louvre, Paris © RMN; m: Feluken auf dem Nil © Hugues Fougère/Bios; u: Modell einer Barke aus dem Grab 366, Beni Hassan, bemaltes Holz und Leinen, Sammlung Fitzwilliam Museum, Universität von Cambridge © The Bridgeman Art Library

61 o: Gräber des Rechmire und des Menena, Fresken © IBM; r: Weihrauchbaum © Tristan Lafranchis/ Bio

78 o, r: Nilhochwasser © Roger-Viollet; m: Modell eines pflügenden Bauern, bemaltes Holz, Sammlung Louvre, Paris © RMN; u: die Vorführung der Herde, Modell aus bemaltem Holz, Sammlung des Ägyptischen Museums, Kairo © Babsy/Artephot

79 o: Nebamun, seine Frau und Tochter bei der Jagd, Wand-malerei, Theben, 18. Dynastie, Sammlung des British Museum

© The Bridgeman Art Library

92 o: Statue des Schreibers Nebmertuf und des Gottes Thot, Schiefer, Neues Reich, Sammlung Louvre, Paris © RMN; u: Schreibtafel eines Schülers, Papyrus, Neues Reich, Sammlung Louvre, Paris © RMN

93 o: Modell eines Speichers mit Schreiber, der das eingehende Korn registriert, aus dem Grab des Nachti, bemaltes Holz, Assiut, Mittleres Reich, Sammlung Louvre, Paris © RMN; u: hockender Schreiber, bemalter Kalkstein, Altes Reich, 5. Dynastie, Sammlung Louvre, Paris © RMN

108 o: Ring mit Pferden, Gold und Karneol, Ende der 18. Dynastie, Sammlung Louvre, Paris © RMN ; m : Abmarsch der Soldaten nach Punt, Flachrelief im Hatschepsut-Tempel, Dair Al Bahri © Giraudon; u: Modell von Kriegern, Sammlung des Ägyptischen Museums, Kairo © Dagli-Orti

109 o, l: Dolche und Scheide, Gold, 18. Dynastie, Sammlung des Ägyp-tischen Museums, Kairo © Gallimard – „L'Univers des Formes"; r: Tutanchamun greift die Nubier an, 18. Dynastie, Samm-lung des Ägyptischen Museums, Kairo © Dagli-Orti; u, r: asiatischer Gefangener, Fayence, Neues Reich, Sammlung Louvre, Paris © RMN

120 o: Howard Carter, Sammlung The illus-trated London News Picture Library © The Bridgeman Art Library; r: Sarkophag der Dame Madja, bemal-tes Holz, Sammlung Louvre, Paris © RMN; m: Abschied vom Verstorbenen, Totenbuch des Schreibers Ani © British Museum; u: das Totengericht des Osiris, Totenbuch aus dem Grab des königlichen Schreibers Hunefer © British Museum

121 o: Papyrus aus dem Grab des Hunefer © British Museum; m: Papyrus, Sammlung BNF; r: Mumie von Ramses II.,

19. Dynastie, Sammlung des Ägyp-tischen Museums, Kairo © Dagli-Orti

122: Der sitzende Schreiber, bemalter Kalkstein, Altes Reich, Ägyptisches Museum, Kairo

123 l: Manuskript der *Ägyptischen Grammatik* von Jean-François Champollion © Bibliothèque nationale, Paris; r: *idem*

Redaktionelle Leitung:
Maylis de Kerangal
Künstlerische Leitung:
Elisabeth Cohat

DAS ALTE ÄGYPTEN
(SUR LES TRACES DES DIEUX D'ÉGYPTE)

Grafiker:
Raymund Stoffel
Christine Régnier
Redaktion:
Françoise Favez
Gestaltung:
Anaïck Bourhis